文
景
———
Horizon

SPINOZA

À LA RECHERCHE DE LA VÉRITÉ ET DU BONHEUR

PHILIPPE AMADOR

思想
是生活的解药

斯宾诺莎 I

[法] 菲利普·阿马多尔 著

刘延川 译

上海人民出版社

献给 伊丽莎白

非常感谢P.F.M. 在这本漫画处于草稿阶段便盛情审读，并鼓励我继续创作。

目　录

说　明

　　这部漫画包括三部分。第一部分非常简短地以虚构的方式介绍并评注了《知性改进论》一书中最为人所知的开场白："POSTQUAM ME EXPERIENTIA DOCUIT,...（我得到经验的教训之后……）"在此主要描绘的便是这一"经验"。

　　第二部分则对斯宾诺莎的著作逐步进行改编。其中某些篇章被删减，要么是因为它们似乎只是在回应该书写作的时代所出现的反驳，而对我们今天理解斯宾诺莎没有太大帮助，要么是为了简化内容。同时值得注意的是，本书所涉及的《知性改进论》是一部未完成的著作。

　　书中对斯宾诺莎文本的翻译用以下字体标注：

　　　　我得到经验的教训之后，才深知日常生活中所习见的一切东西，都是虚幻的、无谓的。

由我撰写的说明性文本则用手写体标注：

　　　　这是一个苹果。

我对全部文本的改编是为了易于当代读者理解。

值得注意的是，书中的多处文本颇有难度，并且被斯宾诺莎研究者赋予了不同的解释。因此，我已竭尽全力去理解其著作的深刻含义，尽管我并非哲学专家，但是对于某些地方我提出了在我看来最为清楚且连贯的阐释。此外，我在敲定漫画内容之前曾将草图提交给诸多斯宾诺莎专家审阅。

最后，第三部分是一部斯宾诺莎的小传。

阿姆斯特丹

1660 年前后

在这座繁荣昌盛的城市中，一位年轻人正在寻找他的道路。本托·斯宾诺莎的祖上是葡萄牙人，同诸多犹太人一样，他的家庭为了躲避伊比利亚半岛的宗教裁判而逃亡到荷兰共和国，这里只是文化与商业十分繁荣的小城邦。

这一时期，斯宾诺莎与他的弟弟加布里埃尔一同经营着一家杂货店。我们对这时候发生的事情知之甚少，让我们来想象三个故事吧。

> 明天见，本托！

> 明天见，加布里埃尔！

加布里埃尔与本托·斯宾诺莎

故事一

斯宾诺莎曾经是笛卡尔哲学的忠实读者（勒内·笛卡尔已经去世十余年了），他（可能）喜欢在一天的工作之后坐在阿姆斯特尔河岸边阅读笛卡尔。

> 简直太聪明了！但我能做得更好！

> 啊！原来是老实的本托在这儿！

> 整天都在读书！

故事二

让我们想象这个年轻人另一次寻找自我的历险。

哦！先生您没事儿吧？您看起来心烦意乱的，是生病了吗，您需要帮助吗？

你太客气了，年轻人，不幸的是，我并不相信你能够解决我的问题。

这可说不准，您告诉我吧……

说来话长。

我父亲在银行里发了财，给了我一笔启动资金。他并不在乎我用这笔钱来干什么，于是我决定用它买下一座小剧院。

我对于什么能取悦大众还是有嗅觉的，我的剧院也一直都座无虚席。

父亲对我的成功非常自豪，帮助我弄到一家大得多的剧院。之后，我受到了上流阶层的邀请，剧作家与演员无不簇拥在我的身旁。

成为世人关注的焦点，是一种令人激动的感觉，一种力量感，一种强烈的快乐。

当然，这我很容易想象。

但对于我来说这并不够，我想要得到的荣耀，远比这些书吏和戏子所给予我的更为卓越！

为了进入权贵阶层，我费尽心机，背信弃义。

您说得太对了，这货就是一个傻瓜和笨蛋！

那时我的名望如日中天，我甚至还得到了一枚勋章！

但时局变换，我的剧院不再时髦，也不再有人对我感兴趣。

父亲把我当作一个自大又无能的傻瓜。

我不知道该怎么办了！

呜呼呼！！

我没办法安慰那个可怜人，这世上的幸福还真是飘忽不定。

故事三

财富与荣誉对我而言无关紧要，我爱上了我的克拉拉·玛丽亚，明天我就对她起誓，我会有勇气向她告白并且求婚的。如果我战胜了我那可恶的胆怯，单单是她一个迷人的微笑，便会使我体会到一种宁静而完满的幸福。

最后一个故事，这次爱情的失意，可能并不是想象出来的。在让·柯勒鲁斯所著的《斯宾诺莎生平》中，他假设年轻的克拉拉因为一条珍珠项链选择了托马斯而不是本托，而这看起来像是陈词滥调。我们可以想象，年轻女孩的心更倾向于托马斯，或者本托并不擅长用甜言蜜语打动她。像许多哲学家一样，他一生从未拥有过伴侣。

范·登·恩登有一名独生女，精通拉丁文与音乐，父亲不在时，她能单独教他的学生，给他们讲课。

斯宾诺莎经常有机会看到她并与她交谈，于是他坠入了情网，而且他经常表示有向其求婚的计划。她并非最漂亮也非最优秀的女子，但她气质不凡、聪明伶俐且活泼开朗。她不仅拨动了斯宾诺莎的心弦，也吸引了范·登·恩登的另一名学生，来自汉堡的科克林。这个人正是意识到了情敌的出现，产生了嫉妒，才对他的爱慕对象倍加关怀与殷勤。他最终成功了，而他送给女孩的价值两三百金币的珍珠项链很可能也赢得了她的芳心。女孩接受了这些，并且答应嫁给他。之后女孩忠实地跟随着科克林先生，放弃了曾经宣誓的路德宗而皈依了天主教。

让·柯勒鲁斯，《斯宾诺莎生平》，1706

莱茵斯堡，1661 年

斯宾诺莎离开了他所出生的城市阿姆斯特丹，移居到一个小村庄。他是在遭到驱逐之后想要远离他的社群吗？搬到一个更为适宜他脆弱不堪的健康状况的地方吗？还是仅仅为了离莱顿大学更近一点？这些都无从确认。

但是，我们知道，他在一栋简陋的房子中租了一个小房间，在这里他可以享受宁静，以进行哲学与光学研究。

他也提供关于笛卡尔以及几何学的私人课程，还与一群学者保持着联系，这些人是推崇笛卡尔主义的非正统知识分子，以及宣告着一种新哲学以对抗经院亚里士多德主义的先导者。

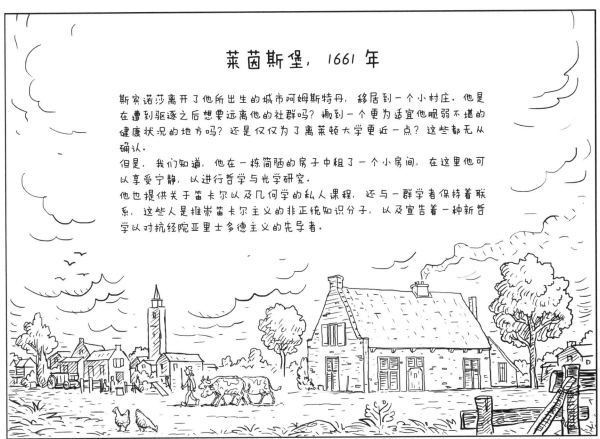

我们的哲学家成了一名为显微镜和眼镜研磨镜片的专家。他把这些镜片卖给了知名的天文学家和物理学家克里斯蒂安·惠更斯。

在小书房里，他继续用拉丁文创作他的第一批作品，这些书可能销往了阿姆斯特丹。

Tractatus de
Intellectus Emendatione

Postquam me Experientia docuit, omnia, quae in communi vita frequenter ocurrunt, vana et futilia esse

斯宾诺莎

知性改进论

以及指引知性获得对事物之正确认识的最佳途径

知性改进论

我得到经验的教训之后，才深知日常生活中所习见的一切东西，都是虚幻的、无谓的。我又确见到一切令我恐惧的东西，（1）除了我的心灵受它触动外，其本身既无所谓善，亦无所谓恶。我决定去探寻是否存在某种真正的善，它能充盈于我的内心；（2）它可以排除其他的东西，单独地支配心灵。这就是说，我要探究究竟有没有一种东西，一经发现和获得之后，我就可以永远享有持续的、无上的快乐。

但在我的探究之始，我并不知晓这样一种至高无上的幸福是否存在。

为了探寻这种未知的幸福，我需要一些时日，并且应当放弃对普通的幸福的追寻。

我追寻那未知幸福的过程可能会极其漫长……

最终我也可能一无所获。

那么我就会失去一切，甚至会失去生活中当下的幸福。

他为了影子而把猎物给弄丢了。

所以我对自己说，或许不用放弃普通的幸福，我也可能追求到我最高的幸福。或者至少在我探寻之前先证明它的存在。

14

这是我曾屡次尝试却并未奏效的.

因为那些生活中最常见，并由人们的行为所表明，被当作最高幸福的东西，归纳起来，大约不外三项：

财富

荣誉

感官快乐

这三样东西萦扰人们的心灵，使之不能想到别的幸福。

身体的结合会将灵魂束之高阁，仿佛使人们沉溺于幸福之中，以至于无暇思考别的东西。

但是这种快乐一旦得到满足，极大的苦恼立即随之而生，即便心灵不完全麻木，也必会感到沮丧消沉。（3）

当追求财富这件事被视为一种目的时，它也会妨碍心灵思考别的东西。

但与肉体快乐截然相反，灵魂并不会随即经受悔恨与苦恼，而且对财富的占有只会激发更强的占有欲。

可是一旦这种希望落空，

巨大的失望便会接踵而至。

人的心灵更沉溺于追求荣誉，因为荣誉总被认为是本身自足的善，是一切行为的最终目的。而且我们获得荣誉，并不会像获得感官快乐那样立刻就有苦恼与悔恨相随。我们获得的荣誉越多，便想获得更多。

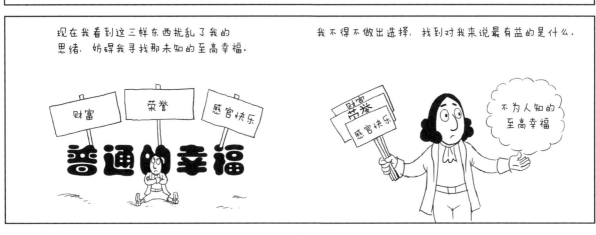

我自认为这些实实在在的幸福，对我而言既是不确定的，最终又常常事与愿违。

然而，我所盼望的至高幸福虽然不一定存在，但至少我希望它永不破灭且令人心满意足。

我继续思考，并且得出结论，这三种幸福实际上都是某种不幸。

而我能让自己投身于追寻某个截然不同的东西，我一定能够找到它。

我看到自己就像得了绝症的病人，明知如果不能求得解药，必定无法免于一死，因而不得不用尽全力去寻求解药，尽管这种解药未必存在，但是我的全部希望都系于此。

因为，人们可能会由于拥有财富而遭到迫害甚至杀戮。

或者为了积聚财富而愚不自知，以身试险。

我要发财了！

同样地，太多人为了攫取荣誉或者仅仅是为了维持荣誉而身陷悲惨境遇。

还有无数的人由于放纵肉欲而加速自己的死亡。

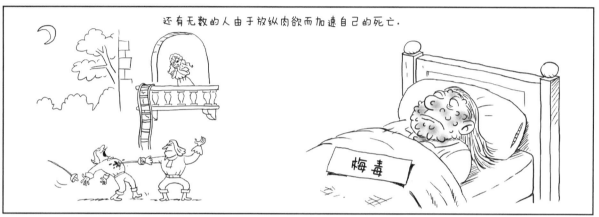

所有这些不幸在我看来都拥有一个共同的源头：　　显而易见，这些都来自我们所贪爱之物的本性。

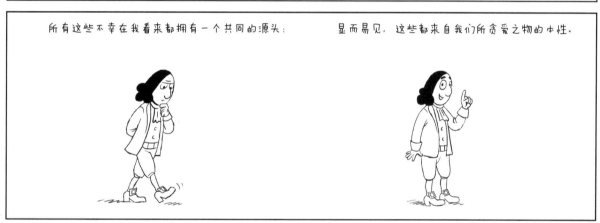

其实，不被人贪爱的东西，从来不会引起纷争。

不被人贪爱的东西，从来不会由于逝去而引起悲伤。

不被人贪爱的东西，从来不会由于别人的占有而引起嫉妒。

不被人贪爱的东西，从来不会由于丢失而引起恐惧。

同样，不被人贪爱的东西，从来不会引发仇恨。

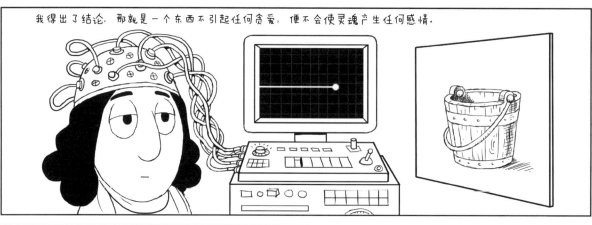

我得出了结论，那就是一个东西不引起任何贪爱，便不会使灵魂产生任何感情。

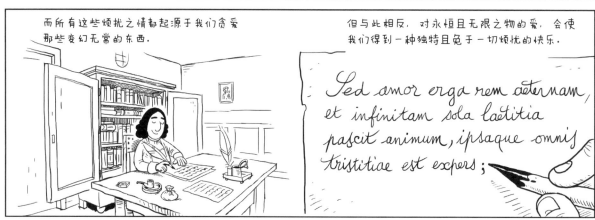

而所有这些烦扰之情都起源于我们贪爱那些变幻无常的东西。

但与此相反，对永恒且无限之物的爱，会使我们得到一种独特且免于一切烦忧的快乐。

这才是人们应当全力追寻的可欲之物。

但正如我之前所言，只有当我能全神贯注地思索时，它才显得清楚。

即便我完全理解了这一切，仍是徒劳的……

今晚干完活儿之后，我要好好思考所有这些事情！

我还是没法放弃人们习以为常的欲望。

可是当我重新思考这种"真正的善"以及如何达到它时，我就不再想到那些给人带来痛苦乃至灾祸的幸福。

至高的善

对我来说这便是一种巨大的安慰。因为当我摆脱这些通常的执念，就能更有效地思考如何追求完满的幸福。

看来所有这些病痛都可以找到某种救治之方！

随着这些瞬间的思考变得越来越频繁，我所追求的这种幸福也越来越清晰地出现在我的心中。

特别是当我认识到，只有把追求财富、荣誉与感官快乐自身当作目的的时候，它们才会产生危害，但是它们也可以作为追求其他目的的手段而存在，这点我们稍后会谈到。

奉托，今天进账的钱不见了……

没错，加布里埃尔，但我们就会有晚饭吃了，这是必要的！

我在此简要解释一下我所谓的"真正的善"与"至高的善"是什么意思。

Hic tantum breviter dicam, quid per verum bonum intelligam, et simul quid sit summum bonum

但在解释我所谓的"真正的善"与"至高的善"之前，我要明确的是，善与恶并不是就其自身而言的，同一件事物能够时而是善的，时而是恶的。

完善或不完善也是如此。因为没有什么东西就其本性来看可以被称为完善或不完善，特别是当我们知道万物的生成变化皆遵循自然永恒的秩序以及固定的法则的时候。但我稍后才会明白这一点。

无论如何，对于事物的本来面貌熟视无睹，总想将所有东西进行比较并评判事物的好或坏、完善或不完善，这是人类心灵的弱点。

因为人类的弱点使之无法知晓这一现实.

有时,我觉得自己是如此的不完美……

所以人就想象存在一种比自己所拥有的更高的人类本性.

这是某个永远快乐的人……

完美的人

既然他看不到有什么阻碍他获得这种本性,

为什么不是……

……我自己!

那么他就开始寻找让自己成为这种完美人设的方式.

塞内卡 圣经 摩西五经 西塞罗 迈蒙尼德 欧几里得

达到这种完美本性所用的手段，我称之为善。

至高的善，意味着尽可能与他人一同成就这种完美的人性。

然而这种完美的本性到底是什么？

当然是心灵与整个自然相统一的知识啦！

这一点我稍后再说。

（某个教授打的括号）

斯宾诺莎是从一个自由的决定出发去追寻至高的善吗？

我做我想做的！

至高的善

并不是，因为斯宾诺莎否认了自由意志；对于他来说，人们完全被他们不知道的原因所决定。

伦理学
斯宾诺莎

让我们仔细看看他如何描述追寻至高之善的道路。我们会看到斯宾诺莎描绘了一种因果链条，在其中他的决定看上去更像是一种生命中的必然，而不是一种自由的选择。

"我得到经验的教训之后，才深知日常生活中所习见的一切东西，都是虚幻的、无谓的。"

斯宾诺莎用这句话作为论文的开篇。他没有说说他认为是这样或者那样，而是把经验放在了第一位，也就是生活中发生的事情。生活本身是他的感受的缘由。他以某种方式受到生活的影响。他并没有自由地决定去评判生活，是生活把这种苦恼强加在了他的身上。

实际上，是人们故意选择了幡然醒悟？是人们故意不让自己热情洋溢？

显然不是。人们只是承受着感觉。

诚然，世人面对事情并不都是郁郁寡欢。为什么在斯宾诺莎看来，他的生活如此虚幻无谓呢？……我们并不知道。

生活啥也不是……

"人们可能会由于拥有财富而遭到迫害甚至 杀戮。"
"或者为了积聚财富而愚不自知，以身试验。"
"太多人为了撷取荣誉或者仅仅是为了维持荣誉而 身陷悲惨境遇。"
"还有无数的人由于放纵肉欲而加速自己的 死亡。"

斯宾诺莎看到人们惯于追寻财富、荣誉与感官快乐，这不仅是虚幻、虚无与徒劳的，还是遭受苦难与杀身之祸的原因。

面对人们通常寻寻的幸福，斯宾诺莎陷入一种深深的焦虑。

贪爱，这很危险。

我曾经通过心灵徒劳地知晓了这一切。我无法放弃对金钱、感官快乐以及荣誉的贪爱。

斯宾诺莎认识到他无力解决相互矛盾的欲望所产生的内在冲突。

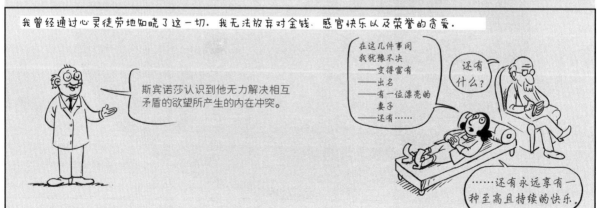

在这几件事间我犹豫不决
——变得富有
——出名
——有一位漂亮的妻子
——还有……

还有什么？

……还有永远享有一种至高且持续的快乐。

"我看到自己就像得了绝症的病人，明知如果不能求得解药，必定无法免于一死，因而不得不用尽全力去寻求解药，尽管这种解药未必存在，但是我的全部希望都系于此。"

因果链条多么漂亮啊！
自由意志就差多了！

绝症　　　　病人　　　　解药

"对于事物的本来面貌熟视无睹，总想将所有东西进行比较并评判事物的好或坏，完善或不完善，这是人类心灵的弱点。"
"所以人就想象存在一种比自己所拥有的更高的人类本性。"

斯宾诺莎用了"IMBECILLITAS"这个词，也就是"心灵的缺陷"的意思。

至此，斯宾诺莎仍然与常人一样。他的心灵有这种对一切事物进行好坏比较的缺陷。而且因为他经常看到人们生活中的苦难，所以就把这种人类通常的本性与一种利人利己的完美本性相比较。因而，他是从心灵的缺陷出发，而不是从一种自由意志的决定出发，开始了他的探寻。

他被迫变得自由！

"对我来说这便是一种巨大的安慰，因为当我摆脱这些通常的执念，就能更有效地思考如何追求完满的幸福。"

斯宾诺莎意识到，他所有关于内心冲突的思考本身构成了一种疗愈。这些占据他心灵的新思想，全部取代了他之前无法舍弃的对财富、荣誉与情爱的欲望。尽管还不明确，但是发现这些新思想给了他安慰。

而这也不是自由的决定，只是简单的自然心理过程。

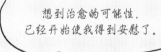

想到治愈的可能性，已经开始使我得到安慰了。

把思想当作药？

这便是斯宾诺莎向我们展示的一系列事件，它们促使他走上追求至高之善的道路：

一种对于普通幸福的不信任；
一种对于更高的人性的假设；
一种迫使他思考出路的犹疑；
这种思考自身是安慰的来源；
一个摆脱通常的欲望的心灵，
因而也是更适宜思考一种至高之善的心灵！

嚯！感觉更棒啦！

我要写一篇论文来治愈心灵！

我的目的就是：
获得这种完美的本性.

并促使其他人与我一同获得它.

因为如此一来，我的幸福就将是让他们的
理智和欲望与我自己的相一致.

为了做到这一点，必须充分获得关于自然的知识.

然后应当形成这样一种社会，以便于大多数人
尽可能容易且确定地获得这种品格.

民主

此后还应当注重道德哲学的研习,

"在快乐中做好事"

伦理学

以及对儿童教育学的研究.

还应当致力于医学发展，因为健康
对于我们的目的而言是必要的.

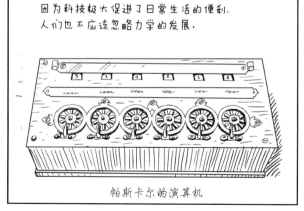

因为科技极大促进了日常生活的便利，
人们也不应该忽略力学的发展.

帕斯卡尔的演算机

但最重要的一点是矫正理智，以便它能够正确无误地进行理解。

而在整理理智的过程中，人们应当好好生活，那么有几条准则对生活是有益的：

准则 1 语言必须晓畅练达便于众人理解。只要是不妨碍我们达到目标的事情，都必须尽力尝试。这样我们便可受益匪浅，还能借助他人之力来理解真理。

准则 2 享受快乐必须以能保持健康为限度。

准则 3 对于金钱或者任何其他事物的获得，必须以维持生命与健康为限度。对于那些不违反我们目标的一般风俗，都可以遵从。

既然已经定好了生活准则，现在为了达到我们的目的首先要做的事情就是
完善我们的理智。

让我们先来看看几种主要的认识模式.

1 口耳相传的知识 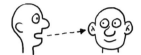 通过词语或人们约定俗成的符号获得。

2 由泛泛的经验
得来的知识（4）  通过生活中的事情偶然获得。

3 由不完备演绎
得来的知识  通过以不完整或过于宽泛的原因解释事物而获得。

4 直观的知识  完整，并且一下子就获得。

口耳相传的知识

这种知识通过人们对我们说的话，或是任意约定俗成的符号而获得，并且没人对此加以怀疑。

只有通过言传，我才知道我是出生在这一天。

我才知道我的父母是谁。

以及其他那些我从未怀疑过的类似的东西。

由泛泛的经验得来的知识*

（* 通过生活中的偶然经验获得的知识）

这是一种在生活中偶然获得的知识，只要没有其他经验与之相悖，就不会有人对其加以怀疑。

水灭火。

油生火。

我有一天也会去世。

狗是一种能叫的动物。

汪！

人是一种理性的动物。

通过这些独立于理智的纷繁多样的经验，
我学会了几乎所有对生活而言必不可少的东西。

> 离开了这些通过经验积累而获得的
> 知识，我们就连走动一步或
> 吃一块面包都无法做到。

> 为了吃到这一小块面包，我的
> 大脑要刺激我右臂的肌肉纤维，
> 让它与桌面成 23.7° 角移动，
> 接着在面包块的上方张开我的
> 手指，然后……

由不完备演绎得来的知识

从一个已知的、实在的结果（比如一种感觉）出发，我推导出一个原因，它最终并不能解释任何东西。

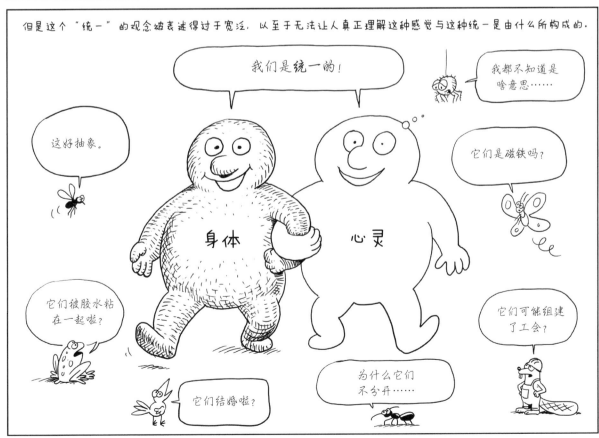

另一个例子：我知道人类视觉有一项特征，就是一个物体从远处看比在近处看起来要小。

我以此推出太阳比它看起来要大。

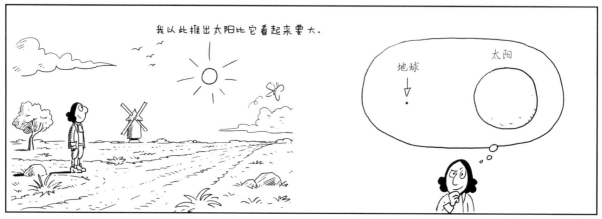

然而，即便我肯定自己在这一点上没犯错，我还是不知道太阳是什么。

直观*知识

(*"直观"[Intuitus]在拉丁语中是"看一眼"的意思。)

当一个事物凭借它唯一的本质被感知时，我便知道我所认识的东西是什么。

因为我认识到了灵魂的本质，所以我知道它与身体是统一的。

我直观地知道3+2=5.

我的灵魂，就是我身体的观念。

我不借助推理，一眼就看出，如果两条平行线与第三条线平行的话，那么它们全部相互平行。

然而我知道，我能够以这种知识把握的东西实在太少。

为了更好地理解这些不同种类的知识间的差别

举个例子：

求第四个比例项

已知有三个数，求第四个数，它与第三个数的比，等于第二个数与第一个数的比。

这是一种不对称的或类比意义上的相等。

第一种知识：由口耳相传获得

商人们使用他们在学校里学到的运算法则，而不知道如何证明这个法则。

简单！这是交叉相乘！

第二种知识：由泛泛的经验获得

其他人则把到目前为止没出过错的简单运算当成在一切情况下都有效的普遍公理。

那么，如果我买3吨的话，就要花6000盾！

第三种知识：由演绎或者推理获得，它们是一码事。

还有的数学家，他们知道欧几里得的证明，以及成比例的数有这样一种属性：第一项与第四项的乘积等于第二项与第三项的乘积。

在下列情况下这些数是成比例的，即当第一个数乘以或除以第二个数，等于第三个数乘以或除以第四个数。

没错！

欧几里得 →

古希腊，公元前300年

第四种知识：通过直观获得

但是数学家并没有在这些给定的数中看到完备的成比例性，而如果他们看到了，那便不是欧几里得命题的作用，而是他们直观地不进行任何运算而看到了成比例性。

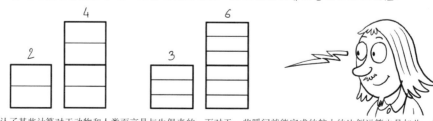

（神经科学家似乎确认了某些计算对于动物和人类而言是与生俱来的。而对于一些瞬间就能完成的较小的比例运算也是如此。参见安德烈亚斯·尼德的研究。）

但在选择最佳的知识样式之前，
让我们快速地看一下为了达至自身的完善我们都需要些什么。

我们应当确切地认识自身的本性，同时尽可能认识事物的本性。

为了确定是什么使事物各不相同，　　是什么使事物相互适应，　　是什么使事物相互对立，

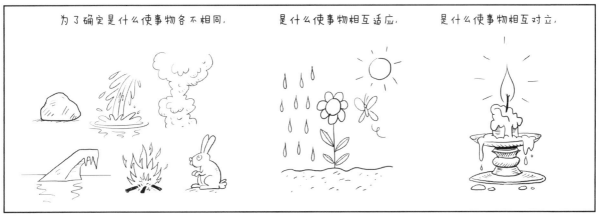

是什么使事物彼此支持，　　　　　是什么使事物互不相容。

所有这些都与人的本性及能力有关，而这些知识会帮助人类轻而易举地看到如何达至自身最完善的境界。

科学知识

现在，让我们来看应该选择哪种知识样式。

口耳相传的知识

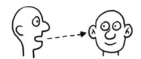

显而易见的是，这种样式的知识非常不确定，就像那个例子一样，我们无法感知到任何事物的本质。

由泛泛的经验得来的知识

这第二种样式也无法让人获得关于比例的观念。这是一场不确定且没有止境的行进。
把它运用到对自然事物的知识上，我们只能获知事物的附属属性，而非它们的内在本质。

由不完备演绎得来的知识

第三种样式让我们能拥有关于事物的确定观念，这让我们能够正确无误地进行推理，但还不足以让我们获得我们所追求的完善。

直观的知识

这第四种样式的知识是我们应当选择的，因为只有它能让我们正确无误地把握一个事物的全部本质。

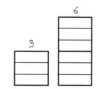

如何学会以直观知识且花最少的力气去认识未知的东西呢？

探寻真理的方法

用我的方法吧！

为了不至于无穷无尽地探究下去，并不需要另外一种方法去探寻这一种方法，也不需要再另一种方法去探寻那第二种方法，更不需要再另外一种方法去探寻第三种方法，以至无限。

实际上，人们永远无法以这种方式获得任何知识。

这种"无限后退"是一种怀疑论者的经典反驳。其实，这些人为了证明所有真理都是不可能的，提出这个真理需要得到另一个真理的保证，而这另一个真理还需要别的真理加以保证，以至无限……因此，不存在任何最终的保证，也没有任何真理是具有确定性的。

斯宾诺莎拒斥了这种怀疑论者的反驳，肯定了真理不需要任何外在的保证。对于斯宾诺莎而言，真观念与确定性是同一个东西。

我是怀疑论者……

真的吗？

对

这就好比说，为了打铁，人们需要一把锤子，而为了打造这把锤子，人们又需要另外一把锤子，而这另外一把锤子又必然是由再另外一把锤子打出来的，以至无限……

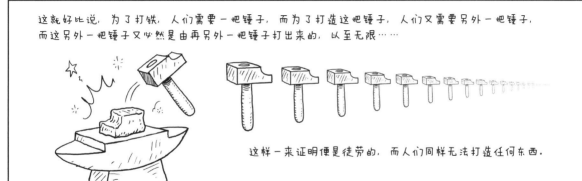

这样一来证明便是徒劳的，而人们同样无法打造任何东西。

事实上，人们生来就有天赋的工具。

一开始，他们艰难地制造一些基本的工具。

接着他们用这些基本的工具做成了一些更完善的工具。

这些工具又让他们能够更轻松地制造更好的工具。

以此类推。

渐渐由难入易，由简入繁。

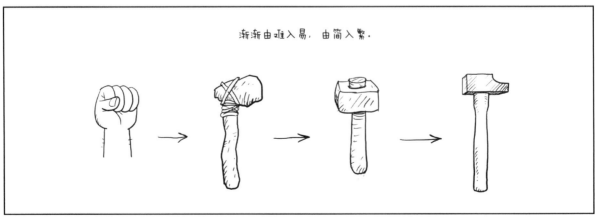

对于理智而言也是如此，人们拥有一些天赋的理智工具。(5)

一开始，他能艰难地进行一些理智工作。

接着，拥有新的理智工具之后，他就能够更容易地进行更复杂的理智工作。而这些工作成了新的工具。

随后，他的理智能力日渐精进。

直至达到最高级的智慧。

我的方法便在于发现我们天赋的理智能力。

对其进行研究，以便看到如何才能逐步改进。

下面就来解释一下我的方法——
首先，应当想到一个真观念
（我们其实拥有真观念）
是某种不同于它的对象的东西。

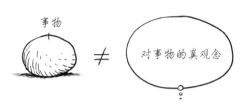

例如，一个圆和一个关于圆的观念是两种不同的东西，因为圆的观念并不是某个拥有圆心与圆周的东西。

而一个身体的观念并不是这个身体本身。

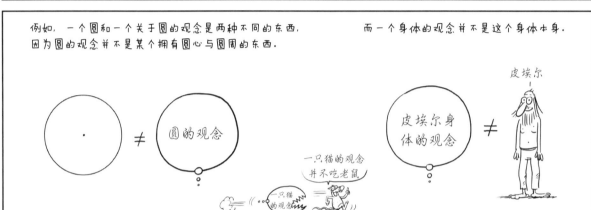

因而，一个观念自身是某种实在的东西。

它也能够成为知识的对象。

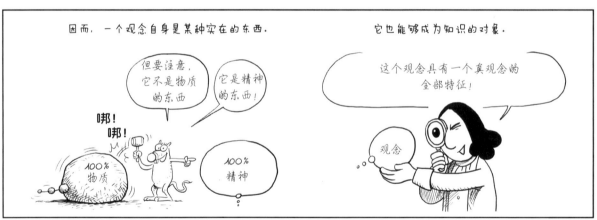

也就是说，一个观念也能够成为一个观念的对象，我称之为观念的观念。

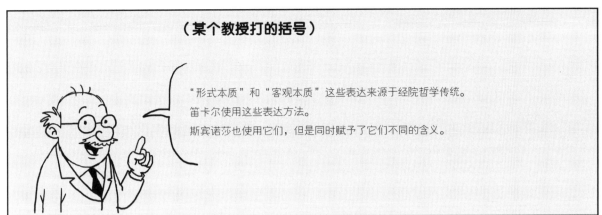

（某个教授打的括号）

"形式本质"和"客观本质"这些表达来源于经院哲学传统。

笛卡尔使用这些表达方法。

斯宾诺莎也使用它们，但是同时赋予了它们不同的含义。

对于斯宾诺莎而言，每一个自然事物都同时由一个形式与一个观念构成。

比如，一块石头的本质，就是作为广延对象的这块石头（空间，物质），以及作为这块石头的观念的这块石头。

它的形式本质
（物质性实在）

一块石头

它的客观本质
（非物质性实在）

事物本身作为物理对象

事物本身作为对自然法则的单一表现

被感官所感知

被理智所理解

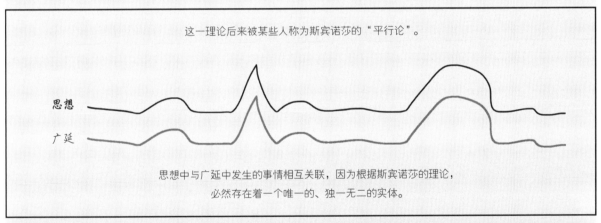

这一理论后来被某些人称为斯宾诺莎的"平行论"。

思想

广延

思想中与广延中发生的事情相互关联，因为根据斯宾诺莎的理论，

必然存在着一个唯一的、独一无二的实体。

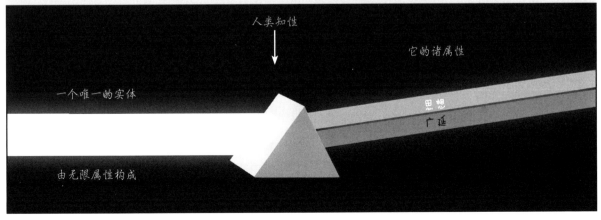

人类知性

它的诸属性

一个唯一的实体

思想

广延

由无限属性构成

43

为了理解事物与观念之间的这种统一性，
让我们想象在遥远的银河系中，

有一颗星球上没有任何生命存在。

一阵风吹过，刮掉了一块不稳的石头。

尽管那里没有人看到这一幕，这件事，这个"一阵风把一块石头吹掉"的
小故事仍然真实存在着，并且构成了心灵无限属性中的一个观念。

其实，观念只是自然在心灵
中的记叙或者说叙述。*

*参见《形而上学思想》

而且，一个关于观念的观念也能成为另一个观念的对象，以此类推，以至无穷。

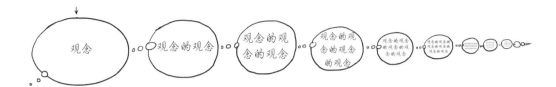

例如，皮埃尔与对皮埃尔的观念是两个实在的且相互区别的东西。

而对于皮埃尔的观念，可以有另一个观念，对于这另一个观念，可以再有另一个观念，就这样无穷无尽地继续下去。

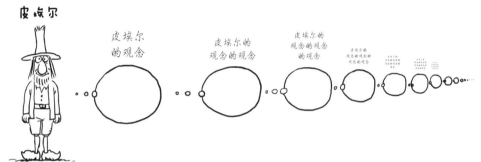

我在经验中看到了这一点，因为当我有皮埃尔的真观念时，我知道他是什么，所以我知道我知道他是什么。然后我也知道我知道我知道他是什么。

但是我也看到，为了知道皮埃尔是什么，我并不需要知道我知道我知道皮埃尔是什么，更不用知道我知道我知道我知道皮埃尔是什么。

对于理解三角形的本质也是如此， 并不需要理解圆的本质。

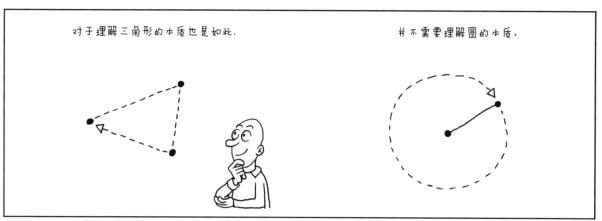

但与此相反，为了知道我知道，
我首先必须知道。

如此一来，为了追求真理的确定性，显然只需要拥有对象性的本质，
也就是说，我们感知形式性的本质的方式其实就是确定性本身。

这就是为何为了拥有真理的确定性，我们并不需要一个外在的迹象，而拥有真观念和拥有
确定性其实是一码事。

因而，真正的方法并不在于从我们的观念中寻找真理的迹象。

而在于通过将我们的观念以正确的顺序排列而寻找真理本身。

我的观念

错误观念　　虚构观念　　可疑观念　　真观念

因为它所涉及的是认识我们观念的本性，我们把这种方法叫作

反思性认识　　　　或者　　　　观念的观念

被反思的观念

观念

我们应该整理下这里！

原来这方法就是研究观念！

为了做到这一点，我们拿天赋的真观念中的一个作为参考。

而且，两个观念间的关系与它们所指涉的两个事物间的关系是相同的。

部分　　整体

小　　大

远　　相等

近　　等等……

小的事物小的观念

羽毛的观念

大的事物大的观念

地球的观念

我们能拿来作为参考的最好的天赋真观念，便是对最完善的存在的观念。

最完善，也就是说最完满，没法再增加，这就是整个自然啊！

最完善的存在的观念

这是宇宙的观念！

我把这个东西叫作大金！

没有比它更大的东西啦！

人们容易理解的一点是，一个观念关涉的事物越多，它就越会为心灵提供帮助其进行认识的工具。

事实上，有这样一种观念存在于我们之中，它是一种天赋的工具，使我们能理解这个真观念与其他一切知觉之间的差别。

还应当加上一点，那就是观念之间相互作用的方式与它们的对象之间相互作用的方式是相同的。

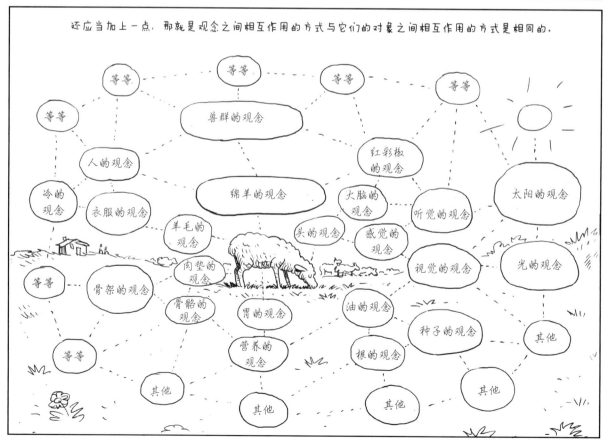

这便是为何我们理解某些真观念的时候，会演绎出其他一些与它们相关联的观念，以及另一些总是使我们能够进一步认识事物的观念。

1626 年

威廉·哈维

1661 年

马尔切洛·马尔皮吉

并且，因为一个观念与它的对象完全一致，所以我们的心灵为了遵循自然的范例，会从一个首要的观念中得出它所具有的全部观念，这个首要观念是一切观念的源头，它就是整个自然的观念。

Resumamus jam nostrum propositum

现在让我们来总结一下。

目前为止我们看到了：

一   我们想要将思想指向的那个目标

二   对达到我们的完善而言最好的知识样式

三   应当从一个天赋真观念出发，根据一些确定的法则来继续我们的探究

为了做到这些，我们的方法应当：

一   将真观念与其他一切区分开来，并使我们的心灵远离后者

二   提出规则以便从真观念的标准出发去认识未知的事物

三   确定一个顺序以避免做无用功

四   尽早地达成对最完美存在的认识

方法的第一部分

将真观念与其他一切感知区分开来，并操练心灵使之不会把真观念与错误观念、虚构观念或可疑观念相混淆。

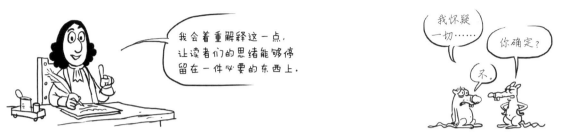

有许多人怀疑真理，这是因为他们没有将对真理的感知与其他感知区分开来。

他们醒着的时候，并不怀疑自己是醒着的，

可是一旦他们就像往往发生的那样，相信自己是在梦中……

他们就会察觉自己的错误。

于是他们便怀疑起自己的清醒。

虚构观念

一切知觉都关于

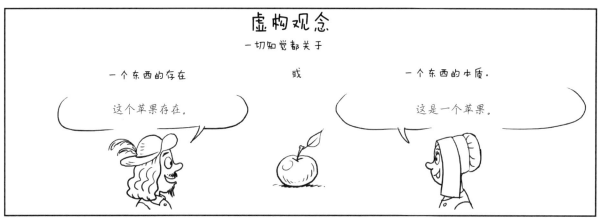

| 一个东西的存在 | 或 | 一个东西的本质 |

这个苹果存在。

这是一个苹果。

虚构的观念往往是关于（事物或者事件的）存在的。

比如说，我想到皮埃尔来看我，这个观念表达了一种可能性。

这件事的存在是可能的！

这个观念表达的并不是一种必然性，

也不是一种不可能性。

皮埃尔来看我了！

我看到他了！

这个事件的存在为真，我们就把它叫作"必然的"。

皮埃尔来看我……不对，皮埃尔去世了……

这件事的存在是不可能的！

我称之为不可能的东西是，一个事物或事件其本性与其存在包含着矛盾。

我称之为必然的东西是，一个事物或事件其本性包含着它的存在。

我称之为可能的东西是，一个事物或事件其本性既不包含与其存在的矛盾，又不包含它的存在，也不包含它的不存在。但是它存在的必然性或不可能性取决于我们所不知道的原因，这时我们也就拥有关于其存在的虚构观念。

$$2 + 3 = 9$$

$$4 + 2 = 6$$

$$x + 4 = 12$$

如果存在一个神或者某种全知的存在，
对他来讲就不可能拥有虚构的观念。

我不能说"可能这样，
或者可能那样……"，
因为我了解宇宙中
所发生的一切！

我知道一切！

事实上，对于我们而言，当我知道我存在，我并不
能把我的存在设想为可能的，因为它自身显现了出
来，并且证明了它的存在，这不需要任何别的论证。

我存在！

你有
证明吗？

呼，
这里！

就是
这些啦！

← 怀疑论者

同样地，我也不能虚构一头大象可以穿过针孔。

来！
跳！

?

还有，当我知道神是什么（我稍后再解释这一点）*
的时候，我也不能把他的存在或者不存在设想为一
种虚构。

神就是自然！

* 参见《伦理学》

对于怪兽也是如此，它的本性包含了与它的存在相
矛盾的地方。

一头狮子的背上有
一个山羊头……

这不可能。

因此，显而易见的是，虚构并不能涉及永恒真理，也就是那些永远不会从肯定变为否定的真理（反之亦然）。

— 上帝存在，
— 怪兽不存在，

这些是永恒真理。

人们永远无法证明"怪兽存在"
以及"上帝不存在"。

— 亚当思考，
— 亚当不思考，

这些不是永恒真理。

说得没错，当我思考
的时候，这并不会持
续太长时间……

在继续之前，我们应当注意一个事物的本质与另一个事物的本质间的区别是由什么造成的。
准确地说，它也造成了这个事物的存在（或者现实性）与另一个事物的存在（或者现实性）之间的差别。

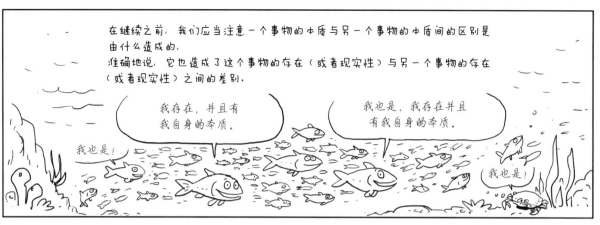

因而，如果我们仅仅想要从一般意义上的存在的角度去考虑亚当的存在，而不去探究他的本质的话，这就像是为了设想他的本质，我们只去考虑他的本质，并且我们会这样定义亚当：亚当是存在者。

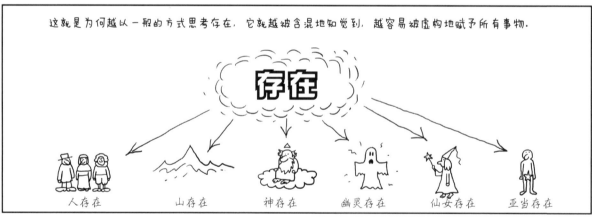

这就是为何越以一般的方式思考存在，它就越被含混地知觉到，越容易被虚构地赋予所有事物。

与此相反，存在越以个别的方式得到思考，它就越清晰地被理解，越难以被虚构地赋予某种东西。

个例：看起来是虚构的但不存在的观念

现在让我们来看一个通常被认为是虚构的例子：当我们对某人说地球是一个半圆，就像盘子里的半个橘子，或者说太阳绕着地球转，再或者说别的类似的东西，尽管我们恰如其分地知道事情并不是那样的，地球是圆的。（6）

这与前面所说的没有什么不协调的地方。因为我们可能在这些问题上犯错，我们现在意识到了自己的错误。我们能够设想我们的对话者在这里犯错，并且相信地球是个半圆，等等。

于是我们形成了虚构的观念，也就是他犯了错并且只要他还不知道这一点，我们就在脑海中保留着这个虚构。

想到他犯错这一点，既没有必然性，也没有不可能性的特征。想到他犯错只是一种可能性，而且实际上，虚构并不在我们关于地球形状的观点中，而在我们对对话者无知的假定之中。

但是如果我已经知道这个人的错误要么是不可能的，要么是必然的，我就没法形成虚构。

那么我们能说的只是我由于必然性而行动。

55

另一个看似是虚构的例子

这便是我们进行思想实验（QUAESTIONES）时做出的某些假定，因为这些被提出的论据往往是不可能的。

比如，当我们说：

假设这支燃烧的蜡烛不燃烧了

或者

假设这支蜡烛在一个想象出的没有任何物体的空间中燃烧着。

即便我们恰如其分地知道它们是不可能的，同样的假设也能被提出，但是当我们提出它们，就完全不再是虚构了。

因为在第一个例子中，我只是在记忆中回忆另一支没有燃烧的蜡烛。

或者只是想象这支蜡烛没有火焰。

在第二个例子中，我只是把对周遭事物的想法进行了抽象，并且只把注意力放在蜡烛上，看着它自身。

这样便得到一支假定的蜡烛，我们能够做出一个推理：
例如，如果这支蜡烛边上没有任何东西，就不会有任何使它毁坏的因素，这支蜡烛与火焰就会保持不变。（7）
这里没有任何虚构观念，只有纯粹且为真的肯定。

我们应当理解一点，那便是为了解释天体运动，我们也提出与假设相同的东西，它们与我们观察到的现象相契合。

人们说土星有耳朵！

除了这个例子以外，即便有许多别的因素也可能解释这些运动，我们还是从这些假设中得出了天体的本性。

这是 17 世纪观察天体并得出结论的一个例子。

1610 年
伽利略对土星星环的第一次观测

通过一副 20 倍的望远镜

"两颗卫星帮助年老的土星公转，
并且留在它的身边。"

1655 年
惠更斯的观测

通过一副 50 倍的望远镜

"土星被一个稀薄且扁平的圆环环绕着，
它并不接触这颗倾斜于黄道的行星。"

20 世纪的一些观测，比如星系逃逸，使我们得出了大爆炸的假设。
然而这仍旧是一个假设，因为直接观测是不可能的。

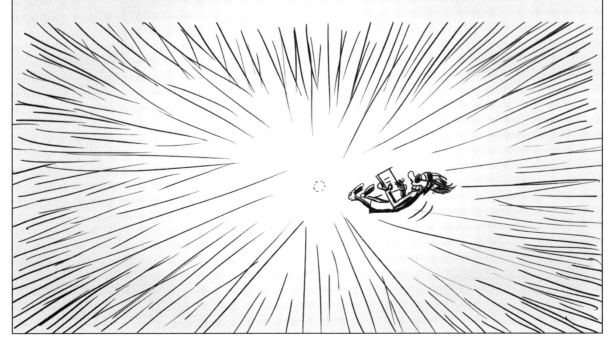

虚构观念

仅仅关涉事物的本质，或者同时也关涉它们的存在.

对于这个问题，除了上述还应该考虑：

——心灵理解越少的事物，对其知觉越多，就越能形成虚构的观念.

——心灵理解越多的事物，形成虚构观念的能力就越弱.

当我认识了
身体的本性

身体中并没有彼此分明
的部分，因而也不存在
虚空，全部都是连续的.

微观世界

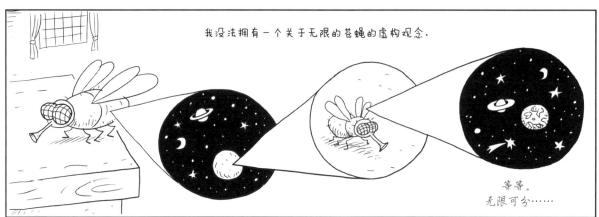

我没法拥有一个关于无限的苍蝇的虚构观念.

等等.
无限可分……

"认识物体的本性"，就是认识物质、空间，也就是"广延"。对斯宾诺莎来说，物体，是那唯一无限且不可分的实体的属性之一。在这一点上，他与"基督教"哲学家，比如笛卡尔、帕斯卡尔和马勒伯朗士相对立。后面这几位哲学家认为，物体是由无限小且无限可分的部分组成的。

例如，马勒伯朗士想象每一个生物中都嵌入着无限的后代。因此，他形成了关于第一只苍蝇的虚构观念，它由上帝创造，并且以一种无限小的方式包含着它在地球上将存在的无以计数的子孙后代。

同样地，帕斯卡尔在他论"两种无限"的著述中，想象在一个半毫米的小虫子中，人们能够看到"无限的宇宙，其中每个都有各自的天顶、行星与地球，且它们之间的比例与在可见世界中的一样；在这个地球上，有动物以及小虫子，在其中能找到先祖所留下的东西；从其他事物中也能永无止境且毫不停歇地找到同样的东西"。

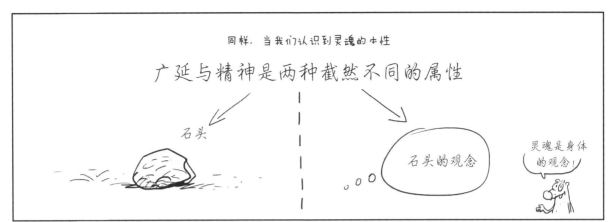

这就是说，如果我任由这样一种虚构存在于自然之中，
那么我就不得不接受那些由它推出的虚构。

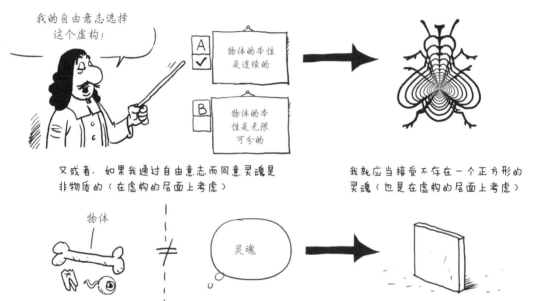

凭借我的自由意志，我决定这个外在于我的感觉是一只狗！

凭借我同样的自由意志，我决定迫使自己虚构地认为它吃肉！

论证这种话的荒谬是徒劳的。

但是我们知道我们能够知道，于是我们便说：

心灵，当它注意一个就其本性而言是虚构且错误的东西时，为了良好地思考并理解这个东西，它以恰当的顺序去推导能够被推导出来的东西，那么它就能够轻而易举地把错误揭示出来。

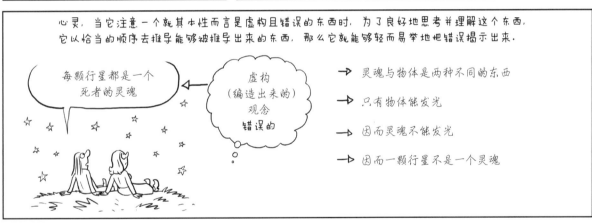

每颗行星都是一个死者的灵魂

虚构（编造出来的）观念 错误的

→ 灵魂与物体是两种不同的东西

→ 只有物体能发光

→ 因而灵魂不能发光

→ 因而一颗行星不是一个灵魂

如果虚构的东西就其本性而言是真的，当心灵对其加以注意以便进行理解的时候，它就能够愉快地持续进步而不被打断。

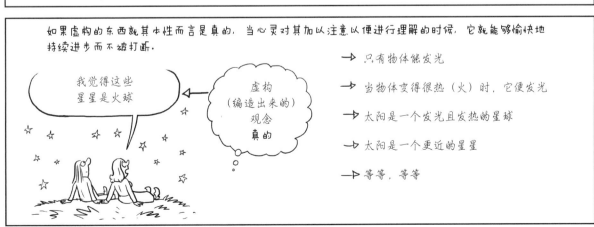

我觉得这些星星是火球

虚构（编造出来的）观念 真的

→ 只有物体能发光

→ 当物体变得很热（火）时，它便发光

→ 太阳是一个发光且发热的星球

→ 太阳是一个更近的星星

→ 等等，等等

这就是为什么我们不怕形成虚构观念，因为我们会清楚且分明地检验它们。

比如，如果我们说人突然变成动物

我们是以一种一般的方式说出了这件事，以至于我们在心灵中没有任何概念，也就是说没有任何观念。
换句话说，我们没有在主词（一个人）和谓词（变成动物）之间看到任何联系。

如果不是这样的话，我们就应该看到是通过什么方式，以及由于什么原因，这种变化才得以可能。
此外，当我们认识到人的本性以及物体变化的本性时，就会知道这件事情是不可能的。

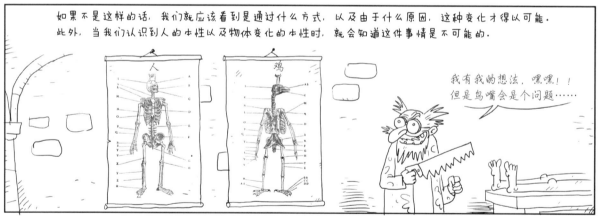

我加一句，当我们拥有非虚构的第一观念并且从它出发演绎出其他观念时，形成虚构观念的倾向便消失了。

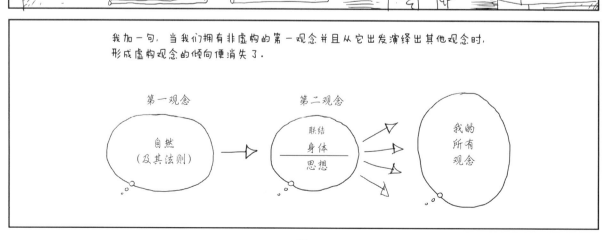

一个虚构观念是
一个含混的观念
它不是清楚且分明的.

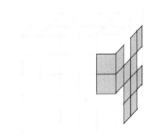

含混来自心灵只能认识整个事物的一部分.

或者

含混来自心灵认识一整个事物但忽略了
某些部分, 并且它也不知道忽略了它们.

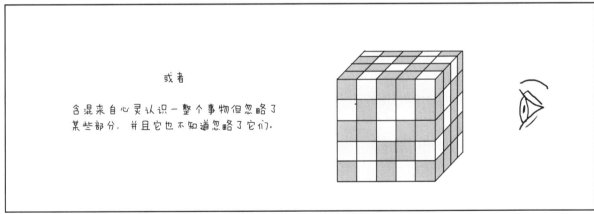

由此得出，一个极其简单的观念（与其他观念相分明）必然是不含混的，也就是清楚的。

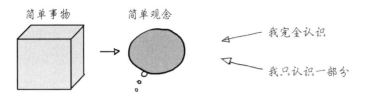

简单事物　　　简单观念

我完全认识

我只认识一部分

这个东西必然无法被部分地认识，而只能被整个地认识或者完全无法被认识。

因而为了让一个复杂的东西变得清楚，就应该用思想把它完全分割成简单的观念。

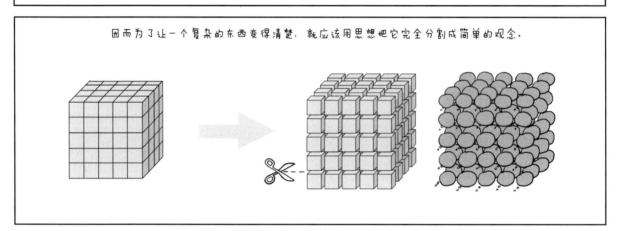

这样一来就不可能有关于这个复杂事物的含混观念。

这是一种分析！

我清楚地区分开每个部分！

每个部分中还有许多部分，而在后者中仍然有许多部分！
这可有得数了……

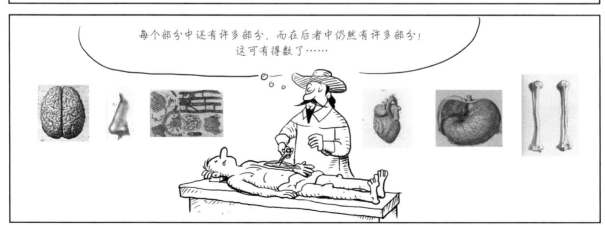

64

这就是为何一个虚构观念永远不会是一个简单的观念。如果是的话，它就会是清楚分明的。但它其实是一个由诸多含混的观念复合而成的观念，而这些含混的观念是关于自然中存在的事物或者行为的观念。或者更确切地说，它是关于这些同时被知觉但又未得到确认的诸多不同观念的观念。

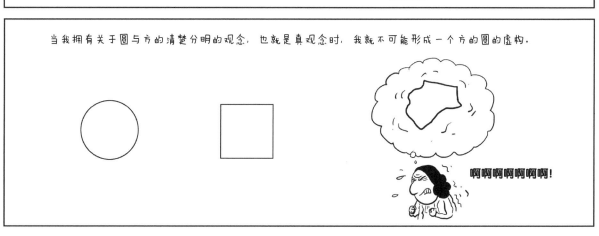

请注意：

虚构与梦相比并没有多么不同，在虚构中我们通过感官意识到我们的表象并不是由外在事物产生的，而是在我们之中形成的一种简单的假设。

外在事物并不与虚构相冲突。

虚构 →

皮埃尔来看望我。

而在梦中我们则无法知道我们的表象不是由外在事物产生的，它只是一种纯粹的内在的产物。

梦 →

皮埃尔来看望我。

而错误，正如同我们现在看到的那样，像是清醒时做梦一样。

吱—

保罗的灵魂来看望我了。

现在让我们来研究错误观念。

错误观念

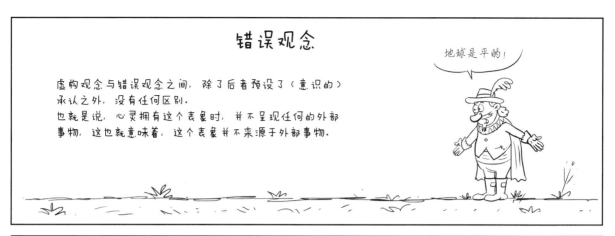

虚构观念与错误观念之间，除了后者预设了（意识的）承认之外，没有任何区别。
也就是说，心灵拥有这个表象时，并不呈现任何的外部事物，这也就意味着，这个表象并不来源于外部事物。

地球是平的！

和虚构观念一样，错误观念关涉的是：一个本质已经得到了认识的事物的存在，或者一个事物的本质。

关于一个已经被认识的事物的**存在的错误观念**

我的朋友保罗在巴西呢！

我的天！他不知道他的船失事了……

对于他朋友在巴西这件事，莱昂对外界事物的观察中既没有什么对之加以确认，又没有什么对之进行否认……虽然他这样想是有问题的。

事物的存在并不是一个永恒真理，其必然性或不可能性取决于未知的原因，在这种情况下，应该像对于虚构一样，进行详细的验证。

但是如果事物的存在是一个永恒真理，那么它就不可能犯错。

自然不存在！

你失去理智了！……

关于本质的
错误观念

如同虚构观念一样，它总是涉及自然中存在的不同模糊观念的组合。

比如，当我们说服别人树林中有神明，

我没看到你，但我知道你在这里！

在感官对外界的观察中没有任何东西与错误观念相悖！

在图画中，

在动物中，

有人说物体仅仅通过它们的构成就产生了理智。

我思

有人说死尸也能推理，行走并说话。

还有人说上帝会犯错，

上帝犯错了，他给了这头羊五只脚。

以及其他类似的东西。

真观念

一个真思想与一个假思想相区别

不仅是通过外在的标记

对象　　相一致　　其观念

更是通过内在的标记

观念就其自身而言是真的。

← 100% 真

比方说，一名工匠构思一件规划好的作品

完美！

这个工匠的思想就是真的。

即便这件作品　　或者永远
从来没诞生过。　　不会存在。

思想始终保持不变，无论作品存在或不存在。

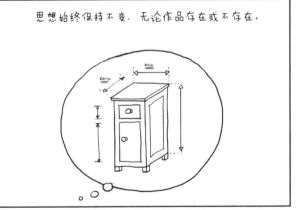

与之相反，如果某人说"皮埃尔存在"，但他不认识皮埃尔，我们便不能说这个思想是真的（即便皮埃尔真的存在）。

有皮埃尔这个人！　　谁？

"皮埃尔存在"这个说法只有当确定地认识到皮埃尔存在时才是真的。

有皮埃尔这个人！

啊，对！

我就是！

因而在观念中存在着某种实在的东西，它将真观念与错误观念区分开来。

错误观念

错误观念 →

错误观念 →

这种在真观念之中的实在的东西，正是我们为了建立指导思想的最佳真理规范而需要去探寻的。

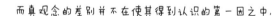

而真观念的差别并不在使其得到认识的第一因之中，

因为一个观念之所以被称为真，还在于它包含着某种原则的本质，而这个原则是在自身内并通过自身而被认识，是没有原因的。

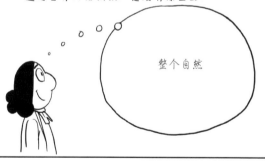

整个自然

真思想的形式在于其自身，而不在于同其他思想的关系，它并不是由一个物质的事物引起的，且它只取决于理智的力量。

真

为了相对容易地理解真理的形式并不在一个原因或一个外在于观念的对象之中，
让我们举例来看一个并不依赖于自然中的实在对象的真观念。
一个直接由我们的理智所形成的几何学的真观念：球。

为了形成球的概念，我通过思想构造出一个围绕其中心旋转的半圆。

于是一个球就以这种方式产生了。

尽管我们在自然中认识不到任何以这种方式产生的球，这个观念依旧完全是真的，这便是一个形成球概念的简单方法。

应当注意到这个概念断言了一个半圆在旋转。

如果这个断言与球的概念无关的话，也就是说半圆的转动没有任何原因的话，这便是一个错误的断言，因为它毫无意义。

因为这种旋转运动并不包含在半圆的概念之中

且它应当与球相联系以便形成球的真观念。

真观念

错误观念

"**一个半圆旋转**"的断言为假，这是就其从一个东西，即半圆，肯定了另一个不包含在半圆概念中的东西，即运动（或静止）而言的。

半圆的概念根本不在乎它动不动！

所以单独断言一个半圆旋转而不说为什么，便不是在陈述一个真理。

这就其自身而言是一个错误观念！

一个真思想由断言构成：
要么是一个简单观念，比如半圆、运动、形式等等。

简单所以为真　　简单所以为真　　简单所以为真

半圆　　旋转　　球

我们能够随意形成简单观念而不犯任何错误。

一个简单观念不能不是真的。
观念所断言的一切都同等地在它的概念之中，也就是说并不会超出概念。我们因此把这些观念称作完备的观念。

要么是一个复合观念，它由与一个概念相关联的诸多简单观念复合而成，例如一个旋转而构成了球的半圆。

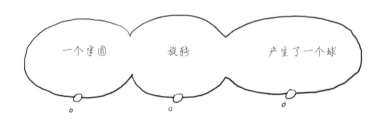

一个半圆　　旋转　　产生了一个球

一个错误观念是一个节略的、残缺的复合观念。

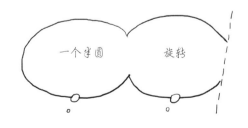

一个半圆　　旋转

这是一个含混的观念，它将两个没有理由相互关联的观念混合在了一起。

混合就是说搅拌。

你完全搞混了！

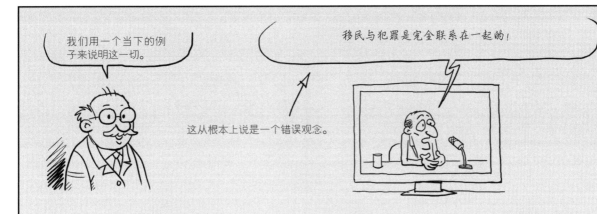

我们用一个当下的例子来说明这一切。

移民与犯罪是完全联系在一起的！

这从根本上说是一个错误观念。

移民是一个关于人口移动（从一个国家到另一个国家）的简单观念。

犯罪是关于全部罪行的一个简单观念。

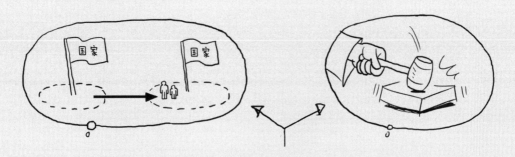

国家

国家

通过思想把这两个观念联系到一起形成了一个就其自身而言错误的观念，因为它在移民这个主题上断言了一个并不属于其概念的东西，并且没有给出任何原因来解释这种僭越。

人们对移民的断言相对于它的概念而言并不恰当。

如果某人偶然地想要通过文化差异来解释这种僭越，他又会形成一个错误观念，因为他将一些不属于文化概念的观念强加于其中。

而如果另一个人援引统计学家的话，他就不需要证明统计学家并没有就他们给出的数字说明理由。

一只黑猫会带来厄运！

统计学家怎么说？

对于我们来说，只剩下探寻我们是通过何种力量形成了这些真观念，并且这种力量延伸至何处。

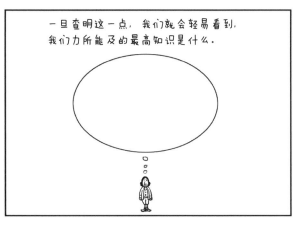

一旦查明这一点，我们就会轻易看到，我们力所能及的最高知识是什么。

实际上，我们的思维能力并不是无限的，因为我们的有限知觉产生了不完备的观念。

苹果要掉下来是为了在地上休息一下。

这种缺陷来自我们是一种能思维的存在的一部分这一事实，而这种思维的存在由完备的观念所构成，我们拥有对于这一思维的存在的某些观念：要么是全部，那么这些观念在我们的心灵中便是完备的；要么仅仅是一部分，那么这些观念在我们之中便是不完备的。

无限的思维存在

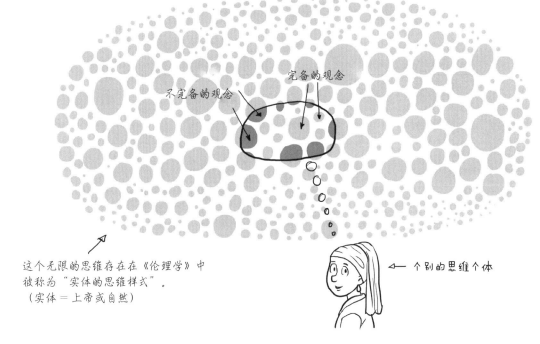

不完备的观念

完备的观念

这个无限的思维存在在《伦理学》中被称为"实体的思维样式"。
（实体＝上帝或自然）

个别的思维个体

然而最大的错觉发生在当一个真观念与一个错误观念混合在一起，从而产生一种确定性幻觉的时候。

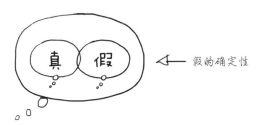

例如，某些斯多亚主义者将他们关于物体的真观念，即物体由一些极其微小并不可分的物体所构成，与一种含混观念相混合，即认为物体拥有灵魂，而且确实地相信精神是由这些微小的物体构成，并因而是物质的与不可分的。

但是我们也能摆脱这种错觉，这就需要我们根据真观念的形式来检验我们的观念，并且如同我们开篇所说的那样，不去信任通过道听途说以及偶然经验所获得的观念。

还应当加上一点，那就是这样一种错觉来自斯多亚主义者对事物的一种极其抽象的看法，且他们没有认识到自然的真正本原。

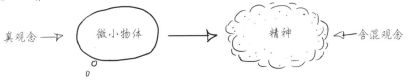

因为，显然我所认为的对于一个特定对象而言是正确的东西，不能把它用在另一个东西上。

因为，抽象地思考意味着将个别的事物在过于宽泛的一般观念中混淆起来，这种一般观念肯定不是关于现实存在于自然中的对象的观念。

对一匹马的观念性的一般抽象在现实中并不存在

自然中存在的是单个的具体的马

但对于我们而言，如果以最不抽象的方式去设定出发点，比如整个自然的本原，也就是说它的源头，它的起源，那么我们就不会担心自己犯错。

并且这样一来，如果我们设想自然的初始本原，显然是一个独一无二且无限的存在，它是一切存在的总和，而超出它以外就没有东西存在，那么清楚的一点是，这样一种概念无法拥有比这个整体还要多的东西。

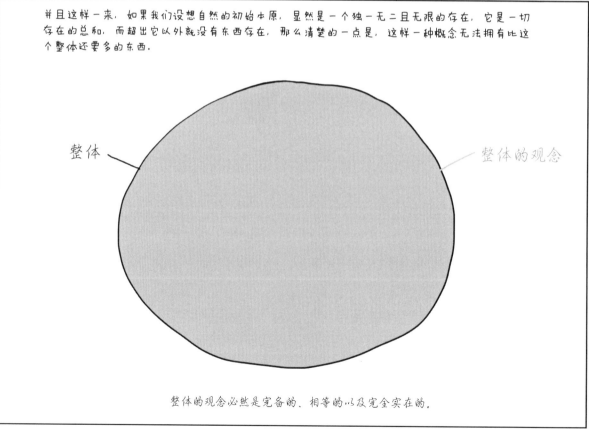

整体

整体的观念

整体的观念必然是完备的、相等的以及完全实在的。

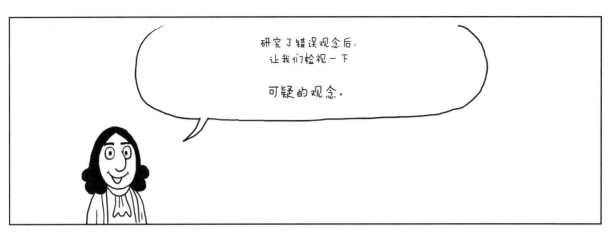

研究了错误观念后，
让我们检视一下

可疑的观念。

我们要探求是什么观念导致了怀疑，
以及如何消除这种怀疑。

但是我说的是真正的怀疑，而不只是
言语上的而灵魂却没有的怀疑。

这毫无疑问是一个
可疑的观念！

这可能涉及笛卡尔在《第一哲学
沉思集》中提到的夸张的怀疑。

"因而我假设存在着一个邪恶的精灵，它不是真
正的上帝，上帝是至善的并且是真理的最高源泉，
而它则狡猾奸诈且强大无比，用尽一切力气来骗
我。我会认为天空、空气、大地、颜色、形状、
声音以及一切我们所见到的外部事物，无非都是
幻象与错觉。"

心灵中只有一个关于某个东西的观念时，是不会存在怀疑的。

两个关于同一个东西的并非清楚分明的观念相互对立时，就有了怀疑。

怀疑从来就不来自我们产生疑问的事物本身。

这是在我脑袋里发生的事情。

事物

例如：如果有人从来都不知道我们的感官会骗人，他就不会怀疑太阳是比看起来要大还是要小的问题。

但是如果有人和他说太阳比地球大得多，那他就会产生怀疑。

地球

太阳

如果之后他知道眼睛是如何感知远处物体的，他的怀疑就会消失。

这就是为何我们不应该认为存在一个骗人的上帝使我们最确定的观念也出错，从而怀疑我们的真观念。

哈哈哈！这也不对！
一加一其实等于三！！！

$1+1=2$

因为一旦我们对万物起源的知识，清晰得如同我们知道三角形的三角之和等于两直角之和那样，我们就不再对真观念产生任何怀疑。

万物起源的观念

$<A+<B+<C=180°$

此外，如果人们具体着手研究，从原理开始，然后毫不间断地研究事物的链条，并且在寻求事物的知识前知道如何提出问题，那么人们只会拥有最确定的观念，也就是清楚分明的观念。

整个自然的观念

因果链条

如果我想要详尽地观察月亮，我就应该研究光的传播规律……

怀疑只是另一个事物呈现在我们的心灵中，而无知阻碍我们认识完满的存在时，一种对肯定或否定某个事物的犹豫不决。
这是因为怀疑始终来源于我们不按照顺序研究事物。

只有上帝才知道光的神秘进路

完全不是这样！

这就是方法的第一部分，但是为了完全认识理智，我想再谈一下记忆与遗忘。

这里应当思考的是记忆会被理智强化，但也会不借助理智而运作。

其实，一个东西越是理智的，它就越是容易的。

如果我向某人展示一堆没有联系的词语，

这些对于他来说是困难的。

好吧……呃……

谁 某些 一个 那个
南 吃
动物 这 是
从 对 有
母牛 草 并且

与此相反，如果我把这些词语以叙事的方式展示给他 这对他来说就更容易了。

只有单一具体的东西印刻在想象中时，记忆可以同样不借助理智而得到增强。我说"单个物质性的"是因为只有单个的物质性的东西影响想象。比方说，某人读一本爱情小说，如果他没读过几个同类型的作者，他会把这本书记得很清楚，因为那些不同的作者会在想象中相互混淆。

因而记忆有时被理智所强化，有时又无须借助理智就得到强化，我们可以得出结论：记忆与理智是两种截然不同的东西，对理智涉及的东西而言既没有记忆也没有遗忘。

那么什么是记忆？
它只是大脑中的印象相互连接并持续一段时间的感觉。

而回想所涉及的虽然也是大脑的感觉，却不涉及记忆的情况中那种一段时间的观念。

这样一来我们就把真观念与其他一切感知区分开来了。

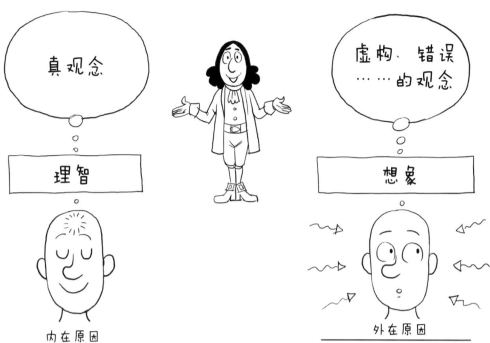

真观念

虚构、错误……的观念

理智

想象

内在原因

外在原因

→ 理智的力量。

→ 日常生活中的偶然与不相干的经验。

我们已经看到如何依靠理智来摆脱想象。

借助真观念的规范，

整个自然

← 我们拥有这个观念。

← 我们无法从中添加或删减任何东西。

← 它自身是完备的，也就是真的。

一个真观念是简单的或是由简单观念复合而成的。

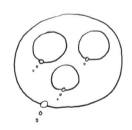

因而它也解释了一个事物为何以及如何存在或被产生出来。

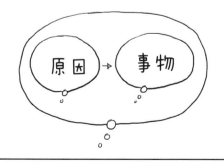

原因 → 事物

在心灵中真观念有着与它们的物质对象相同的结果链条。

··· → A → B → C → ···

··· → A → B → C → ···

这就是古人曾说的，科学便是由因推果。

但古人未曾像我一样思考过心灵，正如所见，心灵根据严格的法则运转，就像一台精神自动机。

这种理智需要被校准一下。

因为理解了理智与想象的法则是不同的，
我们就不会对下面的事情感到惊讶：

我们不经过想象就理解事物，

有时想象与理智是相互矛盾的，

有时它们又相互一致。

存在着一个唯一的实在，我是它的一部分。

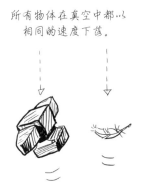

所有物体在真空中都以相同的速度下落。

圆是由某种线段构成的图形，它的一个端点是固定的，另一个端点是移动的。

因为我们知道，心灵——

在涉及想象的时候是被动的

巴拉巴
拉巴拉

在涉及理智的时候是主动的。

这样人们就会由于无法很好地区分想象与理智而轻易犯下巨大的错误。

比如断言广延应当存在于一个位置上

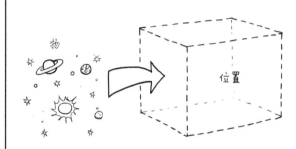

物

位置

或者广延是精细的并且被分割为彼此区别的部分。

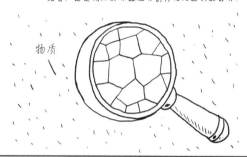

物质

词语也是想象的一部分，因为它们通过身体的状态在记忆中排列而形成。

记忆

猫

由于身体经验的产生伴随着周遭的偶然条件，如果我们对词语不够警惕的话，我们在制造概念时可能会产生许多严重的错误。

一株芽
发生了

一场战争
发生了

聊天的人毫不注意地说着一个词……

此外，词语也是由普通人并为普通人所制造的，因而它们是存在于想象而非理智中的事物的符号。

KRÄ DRO
GRUH PIK！

这也就是为何后造的理智词语相对于最初的想象词语而言都是否定形式，比如非物体、无限、非造物、不依赖、不朽……

有限！

无限……

1, 2, 3, 4……→

另外，当我们无法区分想象与理智，我们将身陷一种混淆，无法理解什么是我们的理智。

因为我们轻易地把心灵中想象出来的东西当作清楚的东西，认为我们很好地理解了它。

阻碍我们做出正确推导的是，我们颠倒了探寻真理的顺序，把后面的放到了前面。

方法的第二部分

最后，我会展示我们的方法的目的．

目的当然是为了拥有在理智中形成的清楚分明的观念．

也就是说在纯粹理智中

而不是在想象中，
也就是那些由于身体的偶然情感而形成的观念．

以及获得它们的手段．

如何以最好的方式对理智的观念进行连接与排序，
以便从整体与部分的角度向心灵展现自然的实在．

这部分涉及的是，
根据我们在第一部分已经说过的东西，
来检视我们来自纯粹理智的所有观念，
以便把它们与我们想象的观念区分开来，
并且得出它们各自的特性．

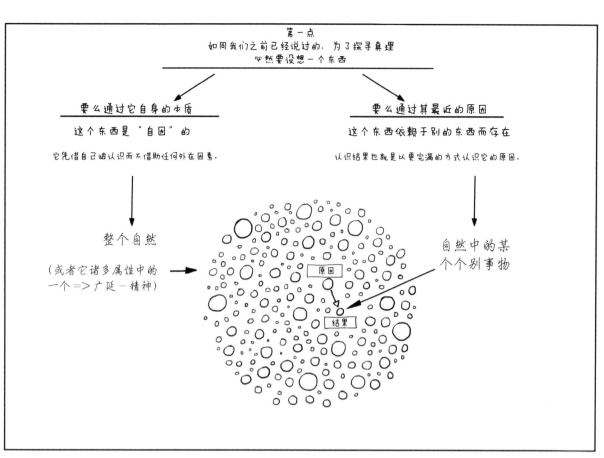

第一点
如同我们之前已经说过的，为了探寻真理
必然要设想一个东西

要么通过它自身的本质

这个东西是"自因"的

它凭借自己被认识而不借助任何外在因素。

整个自然

（或者它诸多属性中的
一个 => 广延－精神）

原因

结果

要么通过其最近的原因

这个东西依赖于别的东西而存在

认识结果也就是以更完满的方式认识它的原因。

自然中的某
个个别事物

因此永远不要从一般的抽象概念出发得出任何结论。

人是思考的芦苇。

人是会笑的动物。

人对人而言是狼。

为了正确地得出结论，应该从某个个别的本质出发，也就是从一个为真的合理的定义出发。

我对活生生的人感兴趣。

因为普遍公理会无穷无尽地延伸到各个事物中去，而仅仅从它们出发的话，
理智不可能思考某种个别的东西而不去思考另外一种。

一个好定义要具备的条件

寻找真理的好办法便是从尽可能好的定义出发。

一个好定义是这样的：
它解释一个事物的固有本质，而不仅仅是对其属性的陈述。

让我们来举个例子：

为了定义圆，我会说它是一个所有半径都相等的图形。

这仅仅陈述了它的诸多性质之一，并且没怎么解释圆的本质。

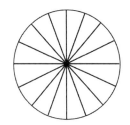

但如果我说：一个圆由一条线段描绘而出，其一端是固定的，而另一端是运动的。

这是一个完美的定义，因为它解释了圆的本质，它所有的属性都由之推导而来。

这个区分或许对诸如圆的几何图形这种"理性的存在"没有太大影响，但是对物理的与实在的东西却非常重要，因为当事物的本质不被人所知，它们的属性就无法被人理解。

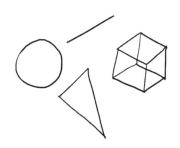

对于一个概念或者说事物的定义而言，其条件是：

A. 对于被造物而言——

1. 包含其直接原因，例如对于圆而言，它由一条线段构成，其一端是固定的，另一端是运动的。

2. 可以从中推出其全部性质，例如对于圆而言，我们能够从这样一个定义轻易推出，所有从圆心到圆周的线段都相等。

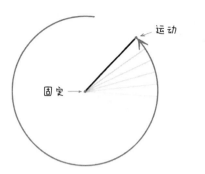

B. 对于非被造物而言——

1. 排除一切原因，也就是说这个东西不需要被自身之外的任何其他因素解释。

2. 给出定义时提出下列问题：这个东西存在吗，还是它不再存在？

3. 精神的定义不包括任何可以被形容词修饰的名词，也就是说不包括任何抽象术语。

4. 从它可以推出其一切性质。

自然的原因是什么呢？

自然是它自身的原因，而且……它当然存在！

例如，对心灵这一属性的定义不可能是：

——精神是所有"精神性"事物的特征。

因为这样一来人们就会把精神变成抽象的东西，也就是说一个其自身不存在的东西。就像"白色"一样，其自身并没有实在性，因为只有白色的物体才是真实存在的。

我也说过，最好的结论应该是从某个个别的肯定性本质得出的。

因为一个观念越是特殊，它就越是分明，因而也越是清晰。

我想做一个关于鸡的研究……

我要从这一只开始！

排列我们的观念

为了使我们所有的观念变得有序且统一，应当尽可能在理性的要求下探寻一个特定的自然是否存在，以及万物的原因究竟为何。

我能把万事万物与一个东西联系起来。

因为这个存在的精神样式的本质是我们一切观念的原因。

如此一来我们的心灵便与自然以最为精确的方式相关联，因为它包含精神的本质、秩序以及统一。

这个大全依照着精确的法则而存在，并且是一整块！

由此看出，从物理事物也就是那些实在且居于因果链条之中的东西，推导出我们全部观念的必然性。

为了保持理智发展的适当与正确，我们永远不要从抽象或一般性出发。

光线穿过这块玻璃，它所依据的精确法则是我竭尽全力认识到的那些！

但要注意，通过一系列原因与实在物，我并没有理解那些正在变化的各个事物，因为它们无穷无尽以致超出了人类的理解能力，此外这也无法告诉我们每个事物的个别本质。

变化的原因

其实，应当在那些固定的与永恒的东西中，也就是那些如同真正的法律一般被定立下来的法则中去寻找事物的固有本质。

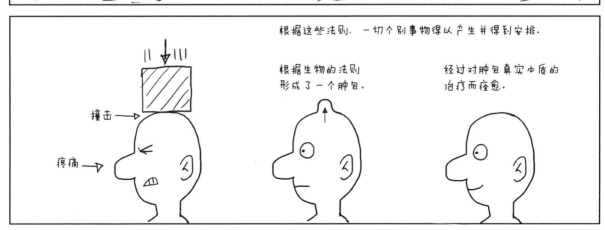

没有这些固定且永恒的法则的话, 一切变化的事物就没有办法存在或者被设想.

由此, 尽管这些固定且永恒的东西存在于个别事物中, 但它们无处不在且有着如此强大的力量, 以至于对我们而言像是普遍的一样.

这就是各种对于变化的个别事物的定义, 也就是各种事物的直接原因.

但是这里似乎出现了一个巨大的困难，阻碍我们获得个别事物的知识，因为把它们放在一起进行设想，这种做法似乎远远超出人类理智的能力。

啊！
就好像星星这么多！

那种应当被我们用作认识个别事物的顺序，既不是使它们产生的原因的顺序，又不是由自然法则所规定的顺序，因为从这种观点来看，万事万物都是相似的。

是先有鸡还是先有蛋？

为了认识个别事物，我们需要借助不同于我们用来认识永恒事物及其法则的那些理智工具。

首先我们应该尽可能认识永恒事物及其不变的法则，还要认识我们感官的本性；其次仅仅凭借我们的感官和准确的实验，我们便能够确定要去研究的东西，还能总结它是如何以及凭借什么法则产生的。

但在这里我们并不打算深入这个话题。

$$2 kno_3 + 3 \mathcal{C} + S \rightarrow K_2 S + 3 CO_2 + \mathcal{N}_2 = ?$$

回归正题，我在此会尽力给出只对于认识永恒事物以及给它们下定义而言必要的东西。

不要忘记，当心灵专注地考察一个观念时，它能够看到这个观念是对还是错，它是对的时候，心灵能够继续而不间断地从中推出正确的东西。

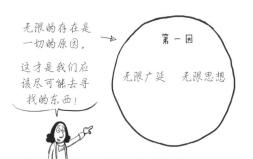

无限的存在是一切的原因。

这才是我们应该尽可能去寻找的东西！

第一因

无限广延　无限思想

事实上，我们的思想如果没有一个坚实的基础，就会自我取消。

我们如果想要找到万事万物的第一因，就应当具有这个基础。

因为我的方法的目的是对基础的反思性认识，它只会引导我们探究去认识那构成真理之形式的东西，

但同时也是认识理智自身，还有它的性质以及能力。

凭借这些知识，我们就会拥有那种基础，让我们能不断地尽可能推导出关于永恒事物的知识。

如果我们在第一部分就已经看到理智的本性在于形成真观念的话，那么它的力量与潜能是不是也在于此呢？

为了最好地理解这一点，我们应该从思想与理智的定义出发把它推导出来。

我们还没有建立寻找定义所需的规则。

正因为我们需要理智的定义来建立这些规则，来寻找定义，

所以理智的定义本身就应该是清楚的，

不然我们就无法理解它是什么。

然而理智的定义自身并不是绝对清楚的，那么我们就应该通过清楚明白地认识到的
理智的诸多性质来认识它。

下面就是理智的主要性质

它们被我清楚地认识到，并且是我们天赋的工具。

> 我知道地球是圆的！

理智知道它的观念与其对象是一致的。

比如，量的观念仅凭自身得到思考，但运动的观念要在与量的观念的关系中才得到思考。

> 空间的量

绝对

> 一种运动！

相对

绝对观念表现着一种无限,
相对观念则表现一种限定(规定)。

当理智通过一个原因的观念而知觉到量,量就受到了规定。

原因:
面的运动

产生了一个物体或
被规定的量

原因:
线的运动

产生了一个面或
被规定的量

原因:
点的运动

产生了一条线或
被规定的量

在否定性观念之前,
理智先形成了肯定性观念。

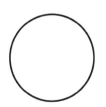

←——— 这是一个圆   - - - 这不是一个正方形

理智认知事物
是从永恒的方面且是认识
无限数目的事物。

或者说它知觉事物，而不像想象那样在一段时间内
对一定数目的东西集中注意力。

"永远的奥古斯都"
这种郁金香真漂亮!

我们看到我们清楚明白的观念
仅仅从我们的理智力量出发而产生。

这与我们不自觉地形成的含混观念截然相反.

独角兽

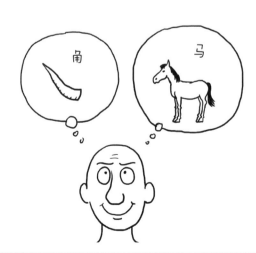

角

马

由理智从别的观念出发而
形成的对事物的观念
能够被以多种方式设想。

比如一个椭圆——

为了规定一个椭圆的样子，理智描绘出一个
由弦束缚的点，它绕着两个中心运动。

或者设想一个圆锥
被一个斜面横截，

或者设想无限的点与给定的一条线段
之间存在一种恒常且精确的联系，

或者以其他诸多方式……

观念与它所表现的对象一样完满。

比如，相比于构思出一座精美寺庙的工匠，
人们更赞赏构思出一座神殿的工匠。

我不会停留在诸如爱、快乐等别的思想样式上……因为它们与我们现在的计划无关，而且如果理智没有首先得到理解，它们也没有办法被设想，如果取消了理智，所有这些东西也都会被一并取消。

我们之前展示过的那些大量的错误与虚构的观念，它们自身没有任何肯定性的东西能使我们说它们是错误的或虚构的，因为它们是不完全的知识，无法教给我们任何东西，更别说思想的本质。

也就是说，从这些来自被列举出的东西中的肯定性的特质出发，我们能够找到某种共同的东西，它构成了理智的本质。也就是说，当这种东西存在，就必然存在这些性质，而当这种东西消失，所有东西也就一并消失了。

（未完待续）

阿马多尔

98

有关翻译的注释

（1）"*Cum viderem omnia, a quibus et quiae timebam*" 有几种不同的翻译：

C. 阿普恩："我没看到过有任何东西对我来说是恐惧的原因或对象。"

A. 科瓦雷："我看到所有东西都曾经是我所恐惧的对象或者令我产生恐惧的契机。"

E. 赛塞："所有的东西都是我们恐惧的对象。"

B. 卢塞："正如我曾经看到的那样，所有东西都会使我恐惧，并且我也惧怕它们。"

B. 鲍特拉："我对所有的东西都怀有恐惧，并且所有的东西都使我感到害怕。"

对我来说，因为对象（objet）与原因（cause）、对象（objet）与契机（occasion）等术语间的区别令人费解，所以我为我的漫画找了一个最通俗易懂的翻译。

因而，我在加菲奥那里找到的是："*timere a suis*，由于其自身的缘故而陷入恐惧，畏惧其自身"；而在西塞罗的《第十四篇反腓力辞》里找到的是："*a quibus timebantur*，那些让我们如此恐惧的东西"；在圣奥古斯丁《书信集》第 50 篇中："*a quibus antea timebantur*，那些他们以前害怕的东西"。于是我把 *quibus* 和 *quiae* 之间的区别看成 *qui, qua, quod*，即某物与 *quis, qua, quod* 即某人之间的区别。这样的话，我们未尝不可把斯宾诺莎在这个段落中考虑的恐惧看作对某人以及同样对某物的恐惧。

我的看法是完全主观的，但对文本整体的意思影响不大，而且无论如何，我们可以像埃米尔·赛塞那样把它简单翻译成"所有令人恐惧的对象"来解决这个问题。

（5）现在一些学者认为心灵或理智是一种与大脑相关联的工具，它在进化的过程中会变成一种出色的生存工具。

其实，关于现实的实践知识总体上讲已经自然而然得到了筛选，以至于它们形成了一种内在的直观性工具，不断适应着自然的法则。

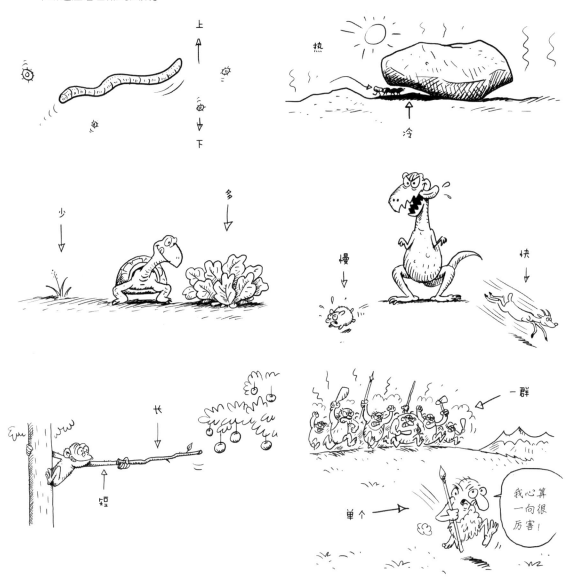

斯宾诺莎当然不知道达尔文，而且在 17 世纪，人们认为自从大概 5000 年前创世起，物种就固定在它们的形式中了……"根据年代学者的考据"*

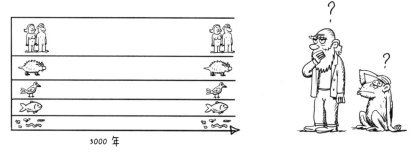

*参见《形而上学思想》，第十章

（6）这个段落可能看起来奇怪，其实是关于为何不把我们拥有的真理告诉某个我们觉得受了骗的人。先于经验地说，分享知识、启迪无知之人应该是一种快乐。为何斯宾诺莎如此小心翼翼地呈现这样一个令人惊讶的例子呢？

我试着阐释：

斯宾诺莎于 1661 年写下这些的时候，距离 1633 年发生的伽利略案并不久。伽利略证明了日心说而非地心说，而后者是基督教的主流教条，于是他公开抛弃了这一理论以免于牢狱刑罚之灾。日心说之前由哥白尼所发展。这位波兰的著名天文学家在他的《天体运行论》一书序言中写明，它所涉及的仅仅是一个简单的数学假说。人们也明确提到乔尔丹诺·布鲁诺因为为日心说的观点辩护而于 1600 年在罗马遭受火刑。因此我们可以理解，斯宾诺莎可能是出于审慎，或是不想震惊同时代的人们，而更愿意虚构地赌他的对话者支持地心说而非日心说，并不介意模拟分享他们的观念。

笛卡尔自己，于 1633 年，在得知伽利略案之后，放弃了出版他的《论世界或论光》。

让我们回忆一下斯宾诺莎的箴言："Caute"（"慎行"的拉丁语词）。

"为了完成这项工作，现在只剩下对那些我为之写作的朋友说一声：不要为这些新鲜之处所震惊，因为你们熟知，一件事并不因为许多人不予接受就不再为真。而且你们也并非对我们所生活的时代境况熟视无睹，我迫切地恳求你们在传播这些东西的时候要慎之又慎。我并不是想让你们对这些东西完全秘而不宣，而是想，如果你们要向某人传播它们，那只是因为对其有益，并且确保你们的努力不是徒劳无功的。"（《简论》，第二部分）

斯宾诺莎（BDS）的印章："Caute"（慎行）

（7）这个探究（*Quaestio*）的例子不可避免地让人联系到《伦理学》第 3 部分的第 4 命题：

"除非由外物所致，否则任何事物都不会毁坏。"

参考文献

Bernard PAUTRAT, *Spinoza/Traité de l'amendement de l'intellect*, Allia, 2009.

Charles APPUHN, *Spinoza, Traité de la réforme de l'entendement*, GF Flammarion, 1964.

Émile SAISSET, *Baruch Spinoza, Traité de la réforme de l'entendement* (ed 1842), PDF.

Bernard ROUSSET, *Spinoza, Traité de la réforme de l'entendement*, Vrin, 1992.

Bernard PAUTRAT, *Spinoza, Éthique*, Points, 2010.

Maxime ROVERE, *Spinoza, Correspondance*, GF Flammarion, 2010.

Gilles DELEUZE, *Spinoza, Philosophie pratique*, Les éditions de Minuit, 1981.

传记

Jean COLERUS, *La vie de Benoît Spinoza*, 1706.

Steven NADLER, *Spinoza, a life*, Cambridge University Press, 2001.

Maxime ROVERE, *Le clan Spinoza*, Flammarion, 2017.

Gilles DELEUZE, « Vie de Spinoza » in *Spinoza, philosophie pratique*, Presse Universitaires de France, 1970.

Félix GAFFIOT, Dictionnaire latin-français, (ed 1934),
https://www.lexilogos.com/latin/gaffiot.php

Pierre-François MOREAU, Vidéos, Leçons sur le Traité de la Réforme de l'Entendement, 2005 (sur le site : Canal U).

Gilles DELEUZE, Cours audio sur Spinoza, 1981-82 (sur le site : la voix de Gilles Deleuze).

Charles RAMOND, Jack SETTER, Séminaire « Spinoza à Paris 8 », 2014-...

斯宾诺莎小传

斯宾诺莎的祖上 →

埃斯皮诺萨

西班牙，15 世纪，
"复地运动"之后，宗教裁判

1492 年，格拉纳达战争结束了阿拉伯人对西班牙长达七个世纪的统治。犹太人与穆斯林被迫改信天主教，或者在残酷的迫害下逃离出国。斯宾诺莎家族离开了卡斯蒂利亚，可能行进到了里斯本附近的山中，在那里，佩德罗·德·斯宾诺莎于 1543 年出生，他是巴鲁赫-本托·斯宾诺莎的祖父。

山间的埃斯皮诺萨？

法国

西班牙

葡萄牙

·马德里

里斯本

格拉纳达

意大利人为了连接山间的埃斯皮诺萨与里斯本而用车队组成了一个网络。

在葡萄牙，犹太人享受着一种相对的包容，但 1547 年，若昂三世掀起了一场规模浩大的改信天主教运动，并建立了宗教裁判所。然而新的"改信者们"暗中继续奉行自己的信仰，但随着风险加剧，佩德罗·德·斯宾诺莎与他的妻子莫尔·阿尔瓦雷斯在 1597 年决定出逃至法国。他们也就逃离了比西班牙更残酷的宗教裁判。斯宾诺莎的父亲，米盖尔，仅仅 9 岁便踏上了旅途。

之后，法国全境转向了宗教不宽容。路易十三于 1615 年 4 月 23 日恢复了排犹指令。斯宾诺莎一家于是又寻找新的地方，这次他们去了荷兰，在那里犹太人被批准公开奉行自己的宗教。

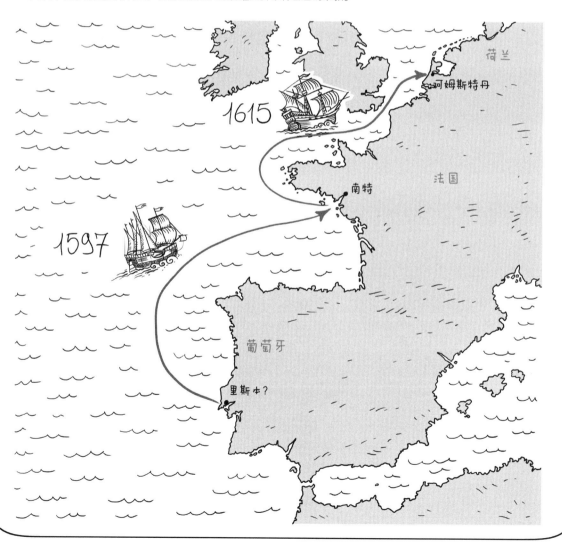

1600 年——乔尔丹诺·布鲁诺因为被视作异端而在罗马被处以火刑。

1609 年——开普勒发表了他所研究的关于行星围绕太阳运动的椭圆轨道的第一部分规律。

1610 年——伽利略观测到月球上的山脉,亚里士多德的月下世界设想被打破。

1626 年——威廉·哈维发现了血液循环。

欢迎来到犹太人宽街

伦勃朗之家
建于 1699 年

贝斯以色列犹太会
堂,建于 1639 年

内维·萨洛姆犹太
会堂,建于 1608 年

1632 年斯宾诺莎
出生的地方

葡萄牙人犹太会
堂,建于 1671 年

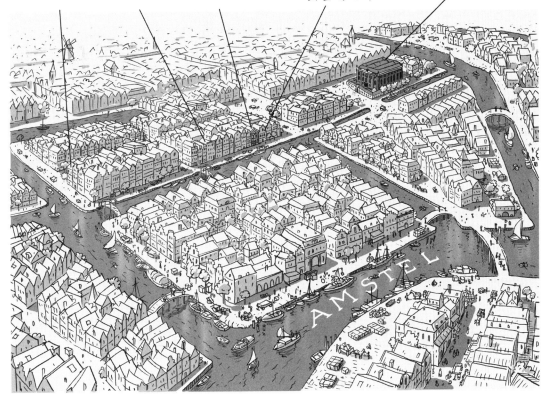

米盖尔-米凯尔·埃斯宾诺莎,斯宾诺莎的父亲,
在阿姆斯特丹的犹太区拥有一幢富丽堂皇的房子。
他曾是出名的进口商人,进口干果、橄榄油等商
品。同时也因活跃于阿姆斯特丹犹太区、宽街及
"新耶路撒冷"的犹太会堂活动而出名。

1632 年 11 月 24 日，巴鲁赫-本托·埃斯宾诺莎出生。

小巴鲁赫-本托的童年是在犹太人宽街度过的，他 6 岁那年母亲便早早去世。7 岁左右他可能遇见了 45 岁的伦勃朗，后者刚刚搬进附近的一座房子。

他会说葡萄牙语、西班牙语与荷兰语。8 岁时，他进入塔木德·妥拉学校学习，在那里学会了希伯来语与阿拉米语。

因为他天资非凡，父母希望把他培养成一名拉比。

年少求学时，斯宾诺莎熟读圣经且熟知犹太文化。不久之后，在一间叶史瓦，也就是为成人做准备的学习团体中，他发现了迈蒙尼德等犹太哲学家。

21 岁时，父亲去世了，他便不得不与弟弟加布里埃尔一起继承父亲的事业。

加布里埃尔与本托·斯宾诺莎

但斯宾诺莎最终把全部遗产让给了弟弟，只留下父母的床，并用了一辈子。

正是在这个时期，他开始脱离宗教学习，进入弗朗斯库·范·登·恩登的学校学习拉丁文，并因而发现他同时代的哲学与科学。

斯宾诺莎开始遇到"新哲学"的开创者们，也有学院派（在教会的权威以外集结起来的基督徒）以及其他先锋自由思想家。

范·登·恩登最终拥有了无神论者的名声。他是一位反教权的民主人士，极端的信仰促使他参与了一场反对路易十四的阴谋。72 岁那年，经历折磨之后他被绞死在巴士底狱。他很有可能对斯宾诺莎的思想轨迹产生了影响。

尽管从未被清楚地记录下来，斯宾诺莎本人也没有在写作中明确提及，但有人说，一天晚上，有个人曾经试图用刀袭击他。幸运的是，斯宾诺莎没有被刺中，只是衣服被划破了。

人们也说，他一生一直保存着这件外套，"以便更好地提醒自己，思想并不总是被人们所爱戴"，正如吉尔·德勒兹在《斯宾诺莎生平》一书中写到的那样。

*你要当心！

范·登·恩登在他的拉丁语学校中把戏剧当作教学方式。我们可以想象 1658 年在舞台上的斯宾诺莎。

* 泰伦提乌斯《宦官》：
   "那些不讲理且没有分寸的人，是没法通过理性来教导的。"

范·登·恩登的长女克拉拉·玛丽亚帮他教授拉丁语课。据柯勒鲁斯讲，斯宾诺莎爱上了她并希望向她求婚。
但这仍然只是道听途说，就像斯宾诺莎在他的论文中所讲的那样，这只是一种"可能性"，也就是一种虚构。

1656 年 7 月 26 日，23 岁的斯宾诺莎被一封由阿姆斯特丹的犹太人法律权威所写的条令所震惊。这个决定将斯宾诺莎永久驱逐出犹太社群的文本言辞尤其激烈。然而，传记研究者们对这件事的阐述仍然众说纷纭。年轻的斯宾诺莎公然秉持与犹太教教义相反的立场，他是否单纯地支持荷兰对于家族企业的立法，这一点对犹太社群的惯例与法条造成了损害，或者说这是否涉及犹太教士权威显示自己与一切针对接纳犹太聚居区的国家所进行的颠覆性宣传斗争的决心呢？

无论如何，斯宾诺莎继续着追寻新哲学的道路。

斯宾诺莎成了为望远镜及显微镜打磨镜片的技师,这既是为了营生,也是为了科学兴趣。他在这个领域获得了显著声望。他的客户包括物理学家克里斯蒂安·惠更斯。

从事这项技艺与科学活动的同时,他也开始写作早期作品,如《简论》《知性改进论》,并且有可能已经开始撰写《伦理学》。

斯宾诺莎经常造访莱顿大学，很可能听到了笛卡尔主义者们的课程。他精通笛卡尔哲学，身边还聚集了一群自由思想家朋友。

1661 年，他离开阿姆斯特丹，并在距离莱顿不远的莱茵斯堡定居。他继续镜片研磨与写作的工作。他向一位学院派租了一间小公寓，这间屋子留存至今，成了一间博物馆。

这便是一次联合省旅程的开端，同时也是一场被其哲学著作所勾勒的智识之旅。

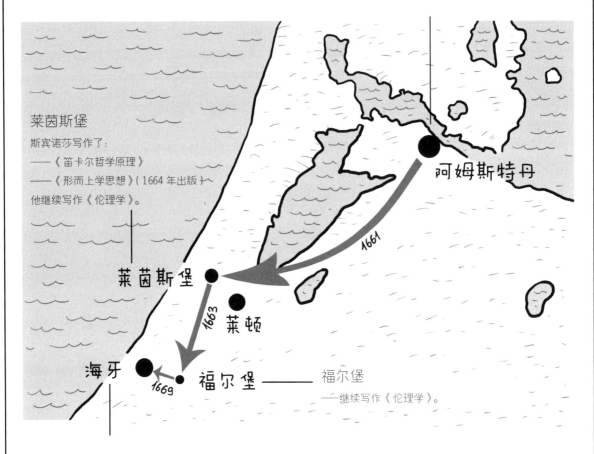

阿姆斯特丹

斯宾诺莎着手写作：

——《简论》（直到1862年才出版）

——《知性改进论》（未完成，于1677年《遗作》中出版）

——《伦理学》（于1677年《遗作》中出版）

莱茵斯堡

斯宾诺莎写作了：

——《笛卡尔哲学原理》

——《形而上学思想》（1664年出版）

他继续写作《伦理学》。

福尔堡

——继续写作《伦理学》。

海牙

——《神学政治论》

（1670年出版，1675年被禁）

——《希伯来语简明语法》

可能写作于1670至1675年间（于1677年《遗作》中出版）

斯宾诺莎于1674年完成了《伦理学》的写作，但放弃了出版。

——《政治论文》直至斯宾诺莎去世仍未完成（于1677年《遗作》中出版）

——1677年，斯宾诺莎去世之后，他的朋友们私下出版了《遗作》。

50 km

1663 年，斯宾诺莎启程前往位于海牙城郊的福尔堡，并住在丹尼尔·泰德曼家，在那里沉溺于绘图与绘画。除了一份彼得·约德根据斯宾诺莎的一幅插画所做的雕版重制之外，人们并没有发现他的任何其他作品。这幅插画用马萨尼埃洛的相貌表现了一位意大利的反抗军领袖。

然而，1665 年前后，支配联合省的宽容精神似乎受到了来自加尔文宗的压力，他们强加自己的观点，侵占共和派与自由派的地位。斯宾诺莎匿名出版了《神学政治论》，但没有奏效，还是蒙受了诸多无神论的指控。

借助反对英法同盟的战争，奥朗日-拿骚的纪尧姆三世获得了权力。荷兰首相约翰·德·维特连同他的兄弟被一群奥朗日支持者不分青红皂白地处死。对这位能力杰出且心性宽容的政府官员的谋杀，在荷兰历史上写下了令人愤慨的一页。

人们说斯宾诺莎对这一终结了共和与一定思想自由的暴行心生厌恶，曾想张贴一张题为《最卑劣的野蛮人》的告示，而他的房东则把他关在了屋子里，阻止他做这件会惹上极大麻烦的事情。

斯宾诺莎度过了简单且朴素的一生。柯勒鲁斯说："他每天只喝一碗奶配一块黄油，就这一块他还要分别热三次。"他甚至不接受朋友们一些极其必要的援助。他有时对身边的人说："他好像一条摇着尾巴形成圆环的蛇，说明他这一年赚取的东西一无所剩。"

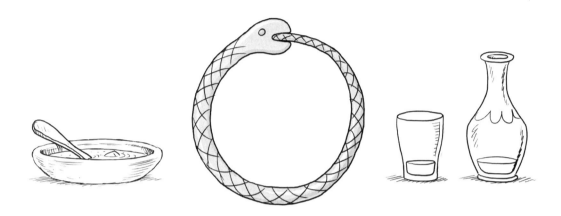

与人们把他塑造成一位孤僻哲人的传说相反，斯宾诺莎一生中曾与他同时代的多位杰出人士频繁往来信件。

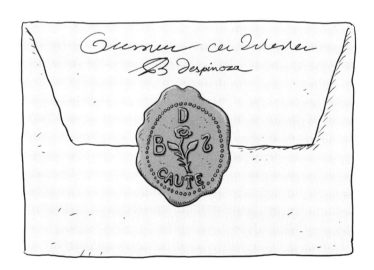

从青年时起，斯宾诺莎的健康状况就令人堪忧，他患上了肺痨，那个年代人们还不太了解这种疾病，随后将其命名为——肺结核。我们的哲学家在 1677 年 2 月 21 日去世，享年 44 岁。

他的朋友们很快就收集了他的手稿，几个月后以拉丁文出版了《遗作》，并在作者姓名处以首字母 B. D. S 代表本尼迪克特·德·斯宾诺莎，没署编者姓名。其中包含了一篇由他的朋友雅里希·耶勒斯所作的序言，以及斯宾诺莎未出版过的文本——《伦理学》《知性改进论》《政治论文》《希伯来语简明语法》，他的通信和一份索引。

1678 年 6 月 25 日，荷兰当局禁止"售卖、印刷或翻译"斯宾诺莎的《遗作》，因为这是一部"不信教的、无神论的以及渎神的"书籍。这份禁令没有持续很长时间。

1679 年 3 月 13 日，该书被梵蒂冈列入禁书目录，之后在 1790 年 8 月 29 日，整部《遗作》的内容被教皇封禁。尽管这份目录在 1966 年被正式废除，但梵蒂冈始终赋予其一种道德层面的价值。教皇弗朗索瓦在 2017 年向欧根尼奥·斯卡拉法利透露，他并不欣赏斯宾诺莎。

同样，犹太教士权威们也始终颁布条令反对他。

斯宾诺莎对哲学的影响是至关重要的。

黑格尔："斯宾诺莎在现代哲学中是一个关键点。抉择便是：要么是斯宾诺莎，要么不是哲学。"

尼采："我被震惊了，真是太高兴了！我有一位先驱者，多么伟大的先驱者！……斯宾诺莎。"

柏格森："我们可以说所有哲学家都有两种哲学，一种是他自己的，另一种是斯宾诺莎的。"

德勒兹称斯宾诺莎为"哲学家们的王子"。

在现代科学领域，斯宾诺莎也做出了根本性的贡献。

爱因斯坦："我相信斯宾诺莎的上帝，他在现存事物的和谐秩序中现身，而不是一个预设了人类行为的上帝。"

弗洛伊德："我完全承认我对斯宾诺莎学说的依赖。"

安东尼奥·R. 达马西奥，神经科学家，2005 年出版了《寻找斯宾诺莎——快乐、悲伤和感受着的脑》。

人们还没有停止谈论斯宾诺莎……

文
景

社 科 新 知　文 艺 新 潮

Horizon

思想是生活的解药：斯宾诺莎 I

［法］菲利普·阿马多尔 著

刘延川 译

出 品 人：姚映然
责任编辑：李　頔
营销编辑：胡珍珍
装帧设计：壹原视觉

出　　品：北京世纪文景文化传播有限责任公司
　　　　　（北京朝阳区东土城路8号林达大厦A座4A　100013）
出版发行：上海人民出版社
印　　刷：山东临沂新华印刷物流集团有限责任公司
制　　版：壹原视觉

开 本：787mm×1092mm　1 / 16
印 张：8.75　　字 数：53,000
2025年5月第1版　　2025年5月第1次印刷
定 价：79.00元
ISBN：978-7-208-19368-0/B·1812

图书在版编目（CIP）数据
　思想是生活的解药：斯宾诺莎. I／(法) 菲利普
·阿马多尔 (Philippe Amador) 著；刘延川译.
上海：上海人民出版社, 2025. -- (文景). -- ISBN
978-7-208-19368-0
　Ⅰ. B563.1
　中国国家版本馆CIP数据核字第20255Y9P88号

本书如有印装错误，请致电本社更换　010-52187586

社科新知　文艺新潮　｜　与文景相遇

微信公众号　　　　微　博　　　　　豆　瓣

bilibili　　　　　　抖　音　　　　　小红书